세상에서 가장 말 잘하는 사람

世界上最会说话的人
著：史迪文

마음을 사로잡는 11가지 대화의 법칙

말 세상에서 가장 잘하는 사람

The eloquent people in the world

| 스티븐 지음 | 김선경 옮김 |

나무한그루

왜 말하는 법을 배워야 할까?

우리는 때와 장소에 맞게 말을 잘 하는 사람을 일컬어 달변가라고 한다. 물론 달변가가 되기란 그리 쉬운 일이 아니다.

옛날에 한 왕이 살고 있었는데, 어느 날 밤 이가 몽땅 빠져버리는 꿈을 꿨다. 왠지 불길했던 왕은 해몽가를 불러 들였다.

"내 간밤에 이가 모두 빠지는 꿈을 꿨는데, 대체 이 무슨 괴이한 일이란 말인가?"

그에 첫 번째 해몽가가 대답했다.

"폐하, 송구하오나 그 꿈은 황족 일가의 전멸을 뜻하옵니다."

왕은 크게 진노하여 그에게 곤장 백 대의 벌을 내렸다.

한편 두 번째 해몽가는 이렇게 말했다.

"존경하는 황제 폐하, 그것은 황실 가족 중 폐하께서 단연 천수를 누리신다는 꿈이옵니다."

이에 왕은 매우 기뻐하며 그에게 황금 백 냥을 하사했다. 요컨대 말하는 기술의 차이에 따라 곤장을 맞는 봉변을 당할수도 있고 상 받는 행운을 누릴 수도 있다는 것이다.

오늘날 말을 잘하는 것이 왜 그토록 중요할까? 또한 대체 어떻게 해야 하며, 어떤 효과가 있을까?

말 한 마디로 백만대군을 물리치다!

춘추전국시대에 "촉지무(燭之武)가 진나라 군대를 물리치다(燭之武退秦師)"라는 고사가 있다. 어느 날 진(秦)나라와 그 연합군이 정(鄭)나라를 공격하기 시작했다. 그런데 이처럼 위태로운 상황에서도 정나라의 문무백관 중에서 누구 하나 용기 있게 나서는 이가 없었다. 결국 정나라의 왕은 최후책으로 촉지무에게 출정을 명했다. 왕의 명을 받은 촉지무는 가장 먼저 진나라의 군영에 들어가 대장군을 찾아냈다. 그리고는 진나라와 그 연합군이 자국을 공격했을 때의 득과 실에 관해서 요모조모 명쾌하게 설명을 했다. 촉지무의 말을 들은 진나라의 대장군은 곧바로 군대를 철수시켰을 뿐만 아니라 정나라를 보호하기 위한 지원군까지 남겨두었다.

기세등등하던 진나라 군대를 제압한 것은 촉지무의 말 한 마디였다. 달변의 위력은 이토록 큰 것이다. 유협의 《문심조룡[1]》을 보면 이런 구절이 있다. "한 사람의 말재주는 보배보다 중요하고, 세 치의 혀는 백만 대군보다 강하다(一言之辯重於九鼎之寶, 三寸之舌强於百万之師)."

삼국시대에는 제갈량이 말로써 동오(東吳)의 학자들을 설복해 조나라와의 전투에서 승리한 예가 있다. 제갈량은 말재주로 오나라와

---

1) 文心雕龍: 중국 6조시대(六朝時代)의 문학평론서

함께 조조에 대항하는 통일전선을 구축했고, 결국 조조의 80만 대군을 양쯔강에서 전멸시켰다. '말'의 힘으로 대승을 이끌어 낸 것이다. 만약 유비가 제갈량이 아닌 장비를 보냈다면, 역사는 지금 어떻게 바뀌었을까?

말 한 마디로 목숨을 구하다!

중국에 기효강(紀曉嵐)이라는 사람이 있었다. 그의 풍부한 학식과 기지는 장안의 화제였고, 놀라운 화술에 모두가 혀를 내두를 정도였다.

어느 날, 건륭(乾隆)황제가 기효강의 소문을 듣고 그를 불러들였다. 황제가 그에게 물었다.

"충효가 무엇이냐?"

"군주를 위해 기꺼이 목숨을 바치는 것이 충(忠)이며, 아비를 위해 기꺼이 목숨을 바치는 것이 효(孝)입니다. 이 둘을 일컬어 '충효'라 하옵니다."

기효강의 대답이 떨어지기가 무섭게 건륭황제가 말했다.

"좋다, 그렇다면 짐에게 너의 목숨을 바쳐라"

기효강은 순간 눈앞이 캄캄해졌다. 이게 대체 무슨 날벼락이란 말인가? 황제의 말을 거역하면 곤장을 맞을 게 분명했다. 기효강은 어깨를 축 늘어뜨린 채 집으로 돌아왔다.

건륭황제는 생각에 잠겼다.

'기효강이 어떻게 할까? 그가 돌아온다면 군주를 기만한 게 되어 죄를 면치 못할 것이야. 그렇다고 죽어 버린다면 아까운 인재를 잃

는 게 아닌가!'

하지만 황제는 기효강이 쉽게 포기하지 않고 이 위기를 극복할 것이라 믿었다. 얼마 후 기효강이 숨을 헐떡거리며 뛰어 들어왔다. 건륭은 짐짓 모른 체하며 엄중한 목소리로 물었다.

"무엄하구나, 짐이 죽으라고 명했거늘 네 어찌 살아 돌아왔단 말이냐?"

이에 기효강은 엎드려 고하였다.

"폐하, 제가 명을 받들고자 강에 뛰어들려 하는데 별안간 굴원[2]이 나타나 제게 호통을 쳤습니다. 자신이 멱라수(지금의 상강 지류)에 몸을 던진 것은 초회왕의 폭정을 개탄하였기 때문이라며, 지금의 황상께서는 성군이신데 어찌 가볍게 목숨을 버리려 하느냐고 제게 말했습니다. 그 말을 듣고 깨달은 바가 있어 이렇게 돌아왔습니다." 황제는 할 말을 잃었다. 그에게 다시 죽으라고 명한다면 자신은 폭군이 되는 것이고, 그렇다고 그냥 둔다면 황제의 체면이 구겨지니 그야말로 사면초가였다.

결국 건륭황제는 너털웃음을 지으며 말했다.

"현명한 기효강이여, 너의 말재간에는 당할 자가 없구나."

기효강은 자신의 말 한 마디로 목숨을 구할 수 있었다.

---

2) 屈原 : 중국 역사상 위대한 애국 시인이자, 전국시대의 걸출한 정치가이며 사상가. 기원전 278년, 진나라가 초나라를 공격하고 수도인 영을 점령하자 초나라 경양왕은 도망을 쳤다. 이 소식을 듣고 상심한 굴원은 초나라가 멸망하는 꼴을 보고 싶지 않다며 멱라강에 투신자살 하였다.

선생님의 말 한 마디가 아이들의 미래를 바꾼다

"교육은 백년지대계(百年之大計)"라는 말이 있다. 이렇듯 교육은 국가발전과 번영의 근본이다. 가르치는 사람의 화술이 뛰어나면 훨씬 효과적으로 지식을 전달할 수 있다.

학창시절을 떠올려 보자. 재미 있는 수업은 한 시간이 언제 흘러갔는지도 모르게 끝나고 그 내용도 머리 속에 쏙쏙 들어온다. 하지만 어떤 수업은 십 분이 한 시간처럼 지루하게 여겨지고 뭘 배웠는지 잘 기억나지도 않는다. 이처럼 선생님의 화술에 따라서 어려운 수업이 천국이 되기도 하는 것이다.

말을 잘 못하면 자신의 일자리도 지키지 못한다

두 명의 운전기사가 있었다. 회사의 인원감축 방안에 따라서 그들 중 한 명은 일을 그만둬야만 했다. 두 사람은 자신의 일자리를 지키기 위해 열변을 토하기 시작했다. 첫 번째 운전기사가 말했다.

"저는 앞으로 매일 차도 깨끗이 닦고 사장님의 안전을 위해 교통법규도 잘 지키고 기름도 아끼겠습니다. 그리고……"

그의 이야기는 십여 분이 넘도록 계속되었다. 이에 반해 두 번째 운전기사는 간단히 말했다.

"저에게는 제 나름의 원칙이 있습니다. 첫째, 들어도 말하지 않는다. 둘째, 먹되 마시지 않는다. 셋째, 운전하되 사용하지 않는다. 저는 과거에도 그러했고, 지금도 그리고 앞으로도 이 세 가지를 지킬 겁니다."

당신이 고용주라면 누구를 선택하겠는가?

'들어도 말하지 않는다'는 것은 운전하다 듣게 되는 회사기밀을 절대 밖으로 누설하지 않겠다는 뜻이고, '먹되 마시지 않는다'는 것은 사장을 대동해서 연회에 가도 식사는 하되 절대 술을 마시지 않겠다는 뜻이다. 마지막으로 '운전하되 사용하지 않는다'는 것은 사장이 차를 필요로 하지 않는 날이라고 해도 자신의 개인적 용무를 위해 그 차를 몰지 않겠다는 마음가짐을 보여 준다. 원칙이 분명한 그를 어떤 고용주가 싫어하겠는가?

우수한 영업사원과 일반 영업사원의 차이!

에어컨을 판매하는 두 명의 영업사원이 있었다. 한 명은 기껏해야 하루에 두세 대 정도를 팔았지만 또 다른 사원은 같은 시간에도 수십 대를 팔아치웠다. 이러한 차이는 어디에서 오는 것일까?

실적이 부진한 영업사원의 판매하는 모습을 살펴보자.

"선생님, 에어컨 사시려고요? 이 제품이 굉장히 좋습니다. 한 번 써 보세요!"

이런 식으로 말해서는 십중팔구 "안 사요."라는 대답을 들을 것이 뻔하다. 이번에는 화술이 좋은 영업사원의 경우를 보자.

"선생님, 바쁘시지 않다면 잠시 저희 회사의 신제품에 대해서 말씀드리겠습니다. 이번 제품은 기존의 에어컨과 달리 살균과 공기 정화기능이 포함되어 있어서 위생적입니다. 게다가 자동온도 조절기능과 예약버튼이 추가되어 취침 시에는 타이머만 맞추면 편안히 주무실 수 있습니다. 이 정도 성능의 제품을 이 가격에 구하기 정말 어렵다는 거 아실 겁니다. 여기에 보너스 하나 더! 타사에 비해 A/S기간이 훨씬 깁니다. 일단 며칠 무료로 사용해 보시고 결정하셔도 됩니다."

설령 에어컨이 필요 없더라도 귀가 솔깃하지 않겠는가? 이처럼 화술은 일의 승패를 좌우한다.

미인의 마음을 사로잡는 법!

미국의 전 국무장관 조지 마샬(George Catlett Marshall)이 평생의 반려자를 만나게 된 에피소드를 들어 보자.

어느 날, 마샬은 파티에서 한 아가씨를 만나 그녀를 집에까지 바래다주게 되었다. 걸어가도 될 만큼 가까운 거리였지만 마샬은 그녀를 차에 태우고 한 시간이 넘게 운전을 해서야 겨우 그녀의 집앞에 도착했다.

"여기로 발령받은 지 얼마 안 되셨나 봐요? 길이 익숙지 않아 보이네요."

그녀의 말에 마샬은 웃으면서 대답했다.

"아뇨, 제가 만약 이 길을 모른다면 한 시간이 넘도록 운전하면서 단 한 번도 당신의 집 앞을 지나치지 않을 수가 있었겠어요?"

훗날 이 아름다운 여성은 조지 마샬의 아내가 되었다.

모든 일에는 말재주가 필요하다. 사회생활을 할 때도 화술이 뛰어난 사람과 그렇지 않은 사람은 크게 차이가 난다. 해박한 지식을 가지고 있어도 조리 있게 말하질 못해 아무도 알아주지 않는다거나, 업무능력이 뛰어나도 항상 입만 열면 앞뒤가 맞지 않아 번번이 승진 기회를 놓치는 사람도 많다. 이처럼 일의 경중을 떠나서 화술은 목표를 이루는 데 도움이 될 뿐 아니라 때로는 그것이 결정적 요인으로 작용되기도 한다. 얼마나 말을 잘할 수 있느냐가 일의 성패를 결정지을 수 있는 것이다.

외국의 한 유명인사는 "눈은 아름다운 세상을 담고, 입은 재미있는 세상사를 그려낸다."라고 말했다. 19세기, 프랑스의 대문호인 빅토르 위고(Victor Hugo)는 "언어가 곧 힘이다"라고 말했다.

선진국에서는 일찍부터 '화술, 돈, 컴퓨터'를 3대 발전요소로 꼽았으며, 요즘 경영자들에게는 뛰어난 화술이 반드시 갖춰야 할 자질 중 하나로 통한다.

미국인만큼은 아니지만 중국에도 말솜씨 하나로 이름을 날린 역사적 인물들이 여럿 있다. "썩지 않는 세치의 혀(三寸不爛之舌)"라는 말처럼 뛰어난 언변을 이용해 합종정책[3]을 편 소진과 연횡정책[4]을 편 장의(張儀), 남다른 위기대처 능력과 뛰어난 언변의 소유자로서 초나라의 외교사절로 파견된 제나라의 안자(晏子), 앞서 언급되었던 제갈량, 화술로 목숨까지 구한 기효강 등이 바로 그들이다. 그들은 뛰어난 지략과 말솜씨를 이용해서 위기를 기회로 바꾸었다.

---

3) 合縱정책 : 중국 전국시대에 소진(蘇秦)이 주창, 한(韓), 위(魏), 조(趙), 연(燕), 초(楚), 제(齊)의 6나라를 설득, 연합해서 진에게 맞서게 한 공수동맹(攻守同盟)정책
4) 連橫정책 : 진의 동쪽의 6나라를 가로로 연결하여 진을 섬기게 하려 했던 정책

언어는 사상의 산물이며 소통의 도구이다. 사람은 언어를 사용하지 않고 살아갈 수 없다. 한 학자의 통계에 따르면 보통 사람들의 하루 평균 사용 어휘량은 약 18000여 개에 이른다고 한다. 사람들은 매일 말을 하며 살고 있고, 일을 즐기며 열심히 사는 사람일수록 말을 더 많이 하게 되는 것은 당연한 일이다. 이와 반대로 현대를 살아가면서 여전히 '침묵은 금이다'라는 자세를 미덕으로 여긴다면 당신은 소극적인 사람으로 평가될지도 모른다.

사교계의 주인공이 되고 싶은가? 사업에서 성공하고 싶은가? 사람들과 끊임없이 즐겁게 대화하고 싶은가?

당신이 지금 고개를 끄덕이고 있다면, 끝까지 이 책을 읽어주길 바란다.

스티븐

2005년 8월 18일

누가 가장 말을 잘하는 사람인가?

재치 있는 달변가와 나의 차이는 무엇일까? 그들은 대체 어떤 사람이기에 그토록 뛰어난 화술을 갖추게 된 것일까?

말을 잘하는 사람은 상대방의 장점을 먼저 발견하여 칭찬한다.

일찍이 에이브러햄 링컨(Abraham Lincoln)은 "모든 사람은 칭찬받기를 바란다."고 말했다. 대부호 록펠러(John Davison Rockefeller) 또한 둘째가라면 서러워할 만큼 칭찬에 일가견이 있었다. 어느 날 록펠러의 부하 직원이 100만 달러의 손해를 냈다. 하지만 록펠러는 부하 직원이 최선을 다했음을 알고 오히려 그를 격려했고, 더 나아가 그의 노력을 칭찬해 주었다.

"고맙네. 자네가 아니었다면 이보다 더 큰 손해를 보았을 뻔했네. 모두 자네가 애쓴 덕분일세."

최선을 다해도 결과가 좋지 않은 경우가 있다. 그때, 의기소침해 있는 부하 직원에게 상사가 질책 대신 격려의 손길을 내민다면 진심으로 그를 존경하며 따르지 않겠는가?

말을 잘하는 사람은 남의 말을 잘 들어주는 사람이다

소위 잘나간다고 하는 세일즈맨의 공통적인 성공 비결 중 하나가 타인의 말을 귀 기울여 듣는 것이다. 국적을 막론하고, 우수한 세일즈맨은 대부분 달변가이다. 이들의 성공과정을 보면 타인의 말을 경청하는 습관이 몸에 배어 있음을 쉽게 발견할 수 있다.

Television Snap-Short사의 창립자 바비 테리(Babie Terry)는 29세에 회사를 세우고 단 몇 년만에 거대한 기업으로 성장시켰다. 그녀의 초고속 성공의 비결은 다름 아닌 타인의 말을 들어주는 습관에 있었다. 광고회사에서 사무 보조원 일을 할 때부터 그녀는 경청에 남다른 자질을 보였다. 다른 사람들이 어떤 생각을 갖고 무슨 이야기를 하는지 유심히 듣고 그 경험을 자신의 것으로 만들었다. 그 덕분에 오래 지나지 않아 사장 비서 자리까지 오를 수 있었다. 고속 승진에도 불구하고 바비의 습관은 바뀌지 않았다. 그녀는 장소, 조건, 상대의 지위 등을 따지지 않고 타인의 의견을 존중하며 항상 경청했다. 그러한 태도로 바비는 많은 경험과 지식을 쌓았을 뿐만 아니라 사회 각층에서 두터운 인맥을 형성했다. 시간이 흐를수록 그녀의 식견은 점점 넓어졌고 마침내는 젊은 나이에 눈부신 성공을 거둘 수 있었다.

말을 잘하는 사람은 상대방의 이야기를 이끌어 낸다

다음의 세일즈맨의 말을 살펴보자.

"저희 회사가 이번에 신상품을 개발했습니다. 이 제품이 기존의 상품과 어떤 차별을 둬야 하는지 사장님의 고견을 듣고 싶습니다."

이렇듯 당신이 정중하게 말한다면 상대방은 감히 당신을 거절하지 못할 것이다.

말 잘하는 사람은 타인에 대한 관심과 배려를 잊지 않는다

1986년 코라손 아키노(Corazon Aquino)는 독재자 페르디난드 마르크스(Marcos Ferdinand Edralin)를 무너뜨리고 필리핀 대통령으로 당선되었다. 하지만 필리핀 국민의 마음을 움직인 진심 어린 연설이 아니었다면 그녀는 낙선하고 말았을 것이다.

"우리의 조국과 미래를 빼앗긴 우리의 아이들에게 애도를 표합시다! 이제 이 억압을 끊어내야 합니다. 여러분, 제가 독재자 마르크스를 몰아낼 수 있도록 도와 주십시오."

말을 잘하는 사람은 유머로 상대를 설복시킨다

한 중년의 부인이 버나드쇼에게 물었다.

"제가 몇 살로 보여요?"

버나드쇼는 정중히 대답했다.

"새하얗게 빛나는 치아는 열여덟 살 같고, 풍성한 곱슬머리를 보니 열아홉 살 소녀 같기도 하고, 쏙 들어간 허리는 열네 살 같으시네요."

그 부인은 기뻐하며 되물었다.

"그럼 제 나이가 몇인지 정확히 맞춰 보세요."

그러자 버나드쇼는 웃으며 말했다.

"제가 말씀드린 숫자를 모두 더해 보시죠. 하하!"

때로는 알아도 입 밖에 내기 어려운 것들이 있다. 이때, 유머와 위트 있는 말을 건네면 상대방의 기분을 상하지 않게 하면서 내 의사를 전달할 수 있다.

말 잘하는 사람은 함축적인 표현으로 자신의 의사를 전달한다

프랭클린 루스벨트(Roosevelt, Franklin Delano)는 대통령으로 당선되기 전에 해군 장교였다.

한번은 그의 친구가 카리브에 있는 잠수함 기지의 상황을 물었다. 루스벨트는 주위를 살피고는 아주 낮은 목소리로 말했다.

"비밀을 지킬 수 있겠나?"

"물론이지."

그러자 루스벨트가 미소를 지으며 말했다.

"그렇다면 나도 비밀을 지킬 걸세."

그는 완곡하게 거절함으로써 군인으로서의 원칙을 지키고, 친구의 체면도 깎이지 않도록 배려했다. 물론 다른 사람의 부탁을 거절하기란 쉬운 일이 아니다. 상대방의 기분이 상하지 않도록 신경 쓰면서 '싫다'란 의사를 전달함과 동시에 그를 납득시켜야 하기 때문이다. 그래서 말을 잘하는 사람은 먼저 상대의 의견을 듣고 정중하고도 완곡하게 거절을 한다. 뿐만 아니라 상대방에게 진심어린 조언을 건네며 문제를 해결하도록 도와 준다.

말 잘하는 사람은 정중하고 완곡한 거절과 진심어린 조언을 한다

1797년 여름, 프랑스 혁명가 콘스탄틴 볼네(Constantin Francois Volney)가 조지 워싱턴(George Washington Carver)을 방문해서 미국 전역을 오갈 수 있는 증명서를 발급해 줄 것을 요청했다. 조지 워싱턴은 난감했다. 자신의 지위를 사적으로 이용할 수도 없었지만 증명서를 발급하지 않는다면 콘스탄틴의 체면이 구겨지게 될 상황이었다. 긴 고민 끝에 워싱턴은 종이를 꺼내서 한 마디를 적었다.

"콘스탄틴은 조지 워싱턴의 증명서가 필요 없는 사람입니다."

이 짧은 글 속에는 조지 워싱턴의 정치적 신념과 친구에 대한 애정이 고스란히 담겨 있다.

말 잘하는 사람은 짧고 명료한 표현 속에 핵심을 전달한다

1949년 10월 1일, 마오쩌둥(毛澤東)은 개국 행사를 거행했다. 천안문 성루 위에서 전세계를 향해 중화인민공화국의 성립을 선언한 것이었다. 마오쩌둥은 간결하고 힘 있는 어조로 외쳤다.

"중국의 인민은 여기에서 일어설 것입니다."

저명한 문인 호풍경은 이날 전 중국인이 경험한 기대와 감격을 "역사가 시작되고 있습니다!"라는 한 마디로 표현했다.

말 잘하는 사람은 상대의 용기를 북돋아 임무를 완성한다

2천여 년 전, 마케도니아의 국왕인 알렉산더(Alexander) 대왕이 인도를 정복하기 위해 출정길에 올랐다. 그런데 그 여정은 험난했고, 설상가상으로 물까지 바닥났다. 병사들은 물을 구하기 위해 오랜 시간을 헤맸으나, 그들이 찾은 물이라고는 겨우 한 잔에 불과했다. 그 한 잔의 물을 전해 받은 알렉산더 대왕은 군대를 집결시켜 놓고 이렇게 외쳤다.

"드디어 수원(水源)을 찾았다. 계속 전진하면 물을 마실 수 있다!'

그러고는 병사들이 어렵게 구해 온 물을 과감하게 땅바닥에 뿌려 버렸다. 일순 무거운 침묵이 흐르는가 싶더니 곧이어 지축을 뒤흔드는 환호성이 터져 나왔다. 자신감으로 똘똘 뭉친 그의 말 한 마디와 카리스마 넘치는 행동은 병사들을 고무시키기에 충분한 희망의 메시지였던 것이다. 사기가 충천된 병사들은 더욱 힘차게 전진했다.

말 잘하는 사람은 재미있게 말한다

'올바른 혁명을 위해 결정된 정책과 노선에 충실히 따르는 일이 얼마나 중요한가'를 설파하고자 했던 마오쩌둥. 중국의 고대신화를 인용한 그의 말은 오늘날까지도 회자될 정도로 유명하다.

"도교의 팔선(八仙) 중 한 사람인 장과로(張果老)가 펑차이[1]로 떠날 채비를 했습니다. 그런데 어찌된 일인지 그가 반대 방향으로 나귀에 올라타는 게 아니겠습니까. 그렇게 해서 가는 도중에 도교 정통파인 전진교(全眞敎)의 뿌리라 할 수 있는 여동빈(呂洞賓)을 만났습니다. '어디로 가는 길이십니까?' '펑차이로 가는 길일세.' 이에 여동빈이 의아해하며 되물었지요. '펑차이는 동쪽인데 선생께서는 서쪽을 향해

---

1) 蓬萊 : 전설에서 신선이 산다는 발해(渤海)에 있는 산

나귀를 타고 앉았으니, 대체 어찌된 일입니까? 그러자 장과로가 신경질을 냈습니다. '지금 내가 동쪽을 보며 가고 있으니 동쪽으로 가는 것이 맞지 않소?' 라고 말입니다. 혁명을 도모할 때 결정된 노선에 충실히 따르지 않는다면 결코 승리할 수 없는 법이지요. 장과로처럼 노선은 동쪽으로 정했으되 그 시각이 반대 방향으로 향한다면 목적지에 닿아도 길을 잘못 들어선 셈입니다."

마우쩌둥의 이 비유는 오래도록 회자되었다.

달변가란 낙천적이고 적극적인 사람이다. 또한 언제나 만면에 미소를 띠우고, 친화력이 좋으며, 자신감이 넘치고, 겸손하며, 배우기를 즐긴다.

누가 가장 말을 잘하는 사람인가? 사실 그들 중 대부분은 우리 주변에 있는 평범한 사람들이다. 단지 그들은 오랜 기간에 걸쳐 노력한 결과 남다른 대화의 기술을 터득했을 뿐이다. 그들은 화술의 몇 가지 법칙을 잘 활용해서 보통 사람들보다 뛰어난 언변을 자랑한다. 그래서 우리는 이들을 달변가라 부른다. 이 책에는 화술을 강화할 수 있는 11가지 방법이 들어있다. 만약 당신 주변의 누군가가 이 기술을 가지고 있다면 그가 바로 달변가이다. 바꿔 말해서 당신도 책에 있는 방법을 잘 활용하면 훌륭한 화술을 갖게 된다. 이 책의 페이지를 넘길 때마다 당신도 변화할 것이다. 자, 그럼 출발해 보자.

차례

CHAPTER . 1 칭찬

CHAPTER . 2 경청

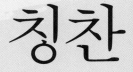

칭찬

CHAPTER.1

진심어린 칭찬을 받으면 기분이 좋아지는 것은 당연지사이며 칭찬받은 만큼 더 잘하기 위해서 노력하는 것이 인지상정이다. 칭찬은 정신적인 영양소와 같아서 그것이 결핍되면 우리는 소극적이고 나약한 사고방식을 갖게 된다. 반면에 진심어린 칭찬을 많이 들을수록 우리네인생은 활기로 가득할 것이다. 상대방에게 기쁨을 주고 싶은가? 상대방에게서 호감과 신뢰를 얻고 싶은가? 그렇다면 먼저 칭찬하라. 혹시어떻게 칭찬해야 하는지를 잘 모르겠다면 이 책을 계속 읽어 나가길 바란다. 이 책을 선택한 현명한 당신은 그 핵심을 금방 알아차릴 수있을 것이다.

메리케이의 성공과 칭찬법

　　메리 케이(Mary Kay Ash)가 미국 '코스메틱계의 여왕'으로 군림하는 것에는 다 그만한 이유가 있었다. 그녀는 탁월한 칭찬 비법을 갖추고 있었던 것이다. 그녀의 회사에 잠재력은 뛰어나지만 경험 부족으로 판매 실적이 저조한 영업사원이 있었다. 처음 세 차례의 판매에서 매출이 겨우 35달러였으니, 다른 직원들의 비웃음을 사기에 충분했다. 그러나 메리 케이는 오히려 그녀의 첫 매출을 높이 평가했다.

　　"와, 35달러나 팔다니! 지난 번보다 많이 좋아졌네요. 고생 많았어요!"

　　메리 케이의 이 따뜻한 칭찬 한 마디가 어떤 결실을 맺었을까? 훗날 그 영업사원은 회사의 매출왕이 되었다.

세상에 칭찬을 싫어할 사람이 누가 있는가

칭찬을 받으면 기분이 좋아지는 것은 당연한 일이다. 칭찬은 우리에게 자긍심을 선사하고, 사람들 사이에서 호감과 친밀감을 높여 인간관계를 더욱 돈독하게 만들어 준다.

미국의 철학자 존 듀이(John Dewey) 역시 "사람들은 칭찬받고 싶은 본성 때문에 유명해지고 싶어한다."라고 말했다.

에이브러햄 링컨(Abraham Lincoln)도 한 편지의 첫머리에 이런 말을 했다. "나도 당신처럼 칭찬을 좋아합니다."

최고의 통솔력을 갖춘 나폴레옹(Napoleon Bonaparte)은 칭찬에 대해 어떻게 생각했을까? 일찍부터 공개적인 비판과 처벌로는 병사들의 충성을 이끌어 낼 수 없다고 판단한 나폴레옹은 칭찬으로 병사들을 격려했다. 예컨대 전투에서 공을 세운 병사에게는 계급을 올려 주는 등 큰 포상을 내렸다. 나폴레옹의 병사들이 전장에서 얼마나 용감하게 싸웠을지는 가히 상상이 되고도 남는다.

찰스 슈워브는 1921년 철강왕 앤드류 카네기(Andrew Carnegie)에 의해 신흥 철강회사의 CEO로 등극한 인물이다. 당시 그의 나이는 겨우 38세였는데 개인 소득세가 없던 당시에 연봉 백만 달러를 받아 세간에 화제가 되었다. 그는 어떻게 백만 달러라는 고액의 연봉을 받게 되었을까?

철강 제조에 관해서라면 찰스보다도 더 많은 지식을 가진 사람이 차고 넘쳤다. 그런데 찰스가 선택된 이유는 무엇일까? 그는 이렇게 말했다.

"그 비결은 바로 칭찬입니다. 제가 할 일이 무엇이겠습니까? 직원들 한 사람 한 사람의 능력을 최대한 끌어내는 것 아닙니까? 저는 칭찬으로 직원들을 격려했고, 그들과 좋은 관계를 맺었습니다. 그 결과 직원들이 탁월한 능력을 발휘한 거죠. 저는 세계 각국의 유명인사를 만나면서 칭찬이야말로 사람들의 잠재력을 이끌어 내고 성공으로 인도하는 열쇠임을 확신할 수 있었습니다."

남녀노소를 불문하고, 과연 칭찬보다 비판을 좋아하는 사람이 있을까?

칭찬하고 또 칭찬하라

브라이언 트레이시(Brian Tracy)는 미국 출판 영업계의 유명인사이다. "나는 글자를 모르는 사람에게도 책을 팔 수 있다."고 자신 있게 말하는 그의 성공비결은 바로 '칭찬'이다.

이제 막 '칭찬비법'을 활용하기 시작했을 때 브라이언은 상당히 까다로운 상류 계층의 여성 고객을 만났다. 그가 책을 사도록 권유했을 때 그녀는 싸늘한 표정을 지으며 딱 잘라 말했다.

"난 어떻게든 물건을 팔아 보려고 밥 먹듯 과장하는 세일즈맨들을 잘 알아요. 그러니까 나한테 시간 낭비하지 마세요."

그 말을 듣고 브라이언은 미소를 띠며 입을 열었다.

"맞는 말씀입니다. 많은 영업사원이 그저 물건을 파는 것에만 혈안이 되어 거짓말을 하는 경우가 허다하지요. 저는 고객님처럼 자기 주관이 뚜렷한 분은 처음 봤습니다. 절대 사탕발림에 흔들릴 분이 아니시군요."

이 한 마디의 칭찬에 그녀가 브라이언의 말에 귀를 기울이고 끝내는 책까지 구입했다니, 참으로 놀랍지 않은가? 게다가 그 후에 책을 수백 권이나 더 구입했다고 한다.

브라이언에게는 흥미로운 경험담이 또 있다. 그가 어느 사무실 직원에게 책을 팔고 돈을 막 받으려는 찰나에 누군가 호통을 쳤다.

"누가 이 따위 쓰레기 같은 책을 늘어놨어!"

심지어 그는 브라이언에게 무슨 말을 해도 자신에게는 책을 절대 팔 수 없을 것이라면서 으름장을 놓았다. 브라이언은 이 위기를 어떻게 탈출했을까?

"물론이죠, 선생님께서는 이런 수준의 책을 읽으실 필요가 없습니다. 이미 학식이 풍부한 분이란 걸 한눈에 알아봤죠. 제가 선생님처럼 훌륭한 분의 동생이었으면 좋겠군요."

"아니, 나한테 동생이 있다는 걸 어떻게 알았소?"

"선생님의 성품을 보니 잘 보살피고 이끌어 주는 장남이라는 걸 금방 알 수 있었죠. 선생님 같은 형님이 있다니, 동생 분들은 참 복이 많습니다."

그들의 대화는 마치 피를 나눈 형제처럼 화기애애했다. 그리고 마침내 그 완고한 사내는 자신의 동생들을 위해 브라이언에게서 책을 구입했다. 브라이언은 자신의 경험담을 일기장에 꼼꼼히 기록해 뒀다.

"나와 단 3분 동안 이야기를 나누면, 그 누구라도 내 책을 안 사고는 못 배길 것이다. 인간은 감정에 의해 움직이는 이성적인 동물이 아닌가. 이미 마음이 움직인 사람은 거절할 수 없다. 내가 고객의 마음을 움직이는 가장 빠르고 효과적인 방법은 바로 '칭찬' 이다."

칭찬도 과하면 독이 된다

브라이언 트레이시가 한 점포 앞을 지나다가 주인이 책을 읽고 있는 것을 보았다. 그는 주인에게 다가가 말을 건넸다.

"사장님은 이 책을 읽으시는 군요. 요즘 화제가 되는《부자 아빠, 가난한 아빠》아닙니까? 저도 이 책을 무척 좋아합니다."

"저는 대학을 나오지 않았어요. 하지만 대학에서 배우는 지식보다 더 많은 걸 사회에서 배울 수 있다고 생각해요."

"그럼요. 이 책 속의 부자 아빠가 말하는 것이 바로 그런 거예요. 마음가짐에 따라서 지식과 교양도 결정된다고 하지요. 말씀하시는 것을 들어 보니 이 책을 여러 번 읽으신 것 같군요. 사장님은 이미 훌륭한 지식인입니다. 이렇게 젊은 나이에도 번듯한 가게를 운영하시고, 또한 앞으로 더욱 발전하겠지요. 이 책에 있는 몇 가지 힌트를 잘 이용한다면 분명히 성공하실 겁니다."

브라이언에게 칭찬을 들어 기분이 좋아진 사장은 자신의 계획과 이상에 관해서 즐겁게 이야기를 했다. 그리고 브라이언이 권하는 많은 책을 흔쾌히 구매했다.

위의 일화에서 알 수 있듯, 상대방을 설득하려면 자신의 생각과 느낌을 분명히 전달해야 한다. 사람들은 대부분 조리 있게 말할 줄 모른다. 상대방이 논리 있게 말하지 못하고 횡설수설해도 그가 말하려는 의도를 파악하라. 그리고 상대방의 좋은 의도를 칭찬하라.

칭찬의 3대 비법

1. 상대방의 장점을 말하라.

2. 상대방의 장점으로 어떤 미래가 예상되는지 말하라.

3. 상대방의 장점에 대한 자신의 느낌을 말하라.

이 세 가지를 자유자재로 구사할 수 있다면, 당신은 이미 뛰어난 '칭찬 기술'을 가지고 있다.

환경미화원에게 이런 칭찬을 한다고 가정해 보자.

"선생님은 성공하신 분입니다. 이 분야의 전문가로군요."

그때부터 당신은 아마 정신병자 취급을 받을 것이다. 그렇지만 특별한 비법을 갖춘 칭찬의 달인들도 처음부터 칭찬을 잘한 것은 아니다. 그러므로 실수를 하더라도 위축되지 말고 더욱 노력하길 바란다.

일본의 유명한 보험 컨설턴트인 하라 잇페이(原一平)의 일화를 살펴보자.

그는 사무실에 들어가서 사장을 보자마자 칭찬하기 시작했다.

"이렇게 젊은 분이 회사를 경영하시다니 참 놀랍네요. 언제부터 일을 시작하셨나요?"

"열일곱 살이요."

"열일곱 살이요? 대단하시네요. 그 나이에는 대부분 부모님께 용돈이나 받아 쓸 텐데. 역시 사장님은 남다르시군요. 그럼 사장이 된 건 언제인가요?"

"2년 전입니다."

"2년만에 이렇게 경영인다운 풍모를 갖추시다니, 보통 사람은 정말 힘든 일이죠. 그런데 왜 그렇게 빨리 일을 시작하셨나요?"

"집이 가난했고 가족이라고는 나와 여동생뿐이었소. 여동생의 학비를 대기 위해 일을 해야만 했지요."

"여동생이나 사장님이나 정말 대단하시네요."

끊임없는 칭찬의 대상은 그 사장의 '사돈의 팔촌' 까지 거슬러 올라갔다. 그 결과, 하라 잇페이의 보험에 가입하려던 사장은 마음을 바꿔버렸다. 그의 칭찬을 듣고 처음에는 기뻐하던 사장도 계속되는 칭찬 공세에 그만 질려버렸던 것이다. 하라 잇페이는 뒤늦게 그 사실을 깨달았지만 이미 돌이킬 수 없었다.

지나치면 모자람만 못하다

칭찬하는 것은 밥을 짓는 일과 같다. 불이 세면 밥이 타고 너무 약하면 설익은 밥이 되듯, 적절한 칭찬은 상대를 기쁘게 하지만 지나치면 진실이 느껴지지 않는다. 진정한 칭찬의 고수는 칭찬의 정도를 상황에 맞게 통제한다. 때와 장소에 맞는 칭찬을 하라. 상대방에게 칭찬이라는 음식을 맛보게 하고 그 맛을 잊을 수 없게 하라. 그러나 아무리 맛있는 음식이라도 과식은 속을 불편하게 만들 수 있으므로 주의해야 한다. 많은 사람들은 타인을 칭찬할 줄 모른다. 그래서 어쩌다 상대를 칭찬하더라도 '아닌 밤중에 홍두깨' 식으로 느닷없이 칭찬을 해 버리고 만다. 이럴 경우 무슨 효과가 있겠는가.

어느 날, 미국 '코스메틱 판매의 고수' 메리 케이(Mary Kay Ash)는 친구와 쇼핑을 하러 나갔다. 저편에서 친구로 보이는 금발과 검은 머리의 여자 둘이 새로 산 옷에 대해 이야기하고 있었다. 그 중 금발 여자가 옷을 산 듯 보였는데, 검은 머리 여자는 계속 다른 옷에 칭찬을 늘어놓았다. 금발 여자는 자신이 산 옷에 친구가 별다른 반응을 보이지 않자 슬슬 짜증을 내는 것 같았다. 이때 메리 케이가 조심스럽게 그들에게 다가가 말했다.

"이 옷은 옷깃 처리가 너무 잘 되어 있어서 목 부분이 정말 예쁘네요. 여기에 예쁜 목걸이로 코디하면 금상첨화겠어요."

메리 케이의 말에 금발의 여자는 자신이 바라던 칭찬에 뛸 듯이 기뻐했다. 그녀는 자신의 친구에게 안목이 없다며 핀잔을 주었고, 친구는 지지 않고 "나도 그렇게 생각했어. 말하지 않았을 뿐이지."라고 대꾸했다. 메리 케이는 검은 머리 친구에 대한 칭찬도 잊지 않았다.

"아가씨도 그 예쁜 몸매를 살려 줄 수 있는 옷을 입으면 정말 예쁠 거예요."

검은 머리 여자도 신이 났다.

"두 분 모두 지금도 예쁘시지만 피부관리에 좀 더 신경쓰신다면 더 없는 미인들이 되시겠어요."

메리의 말에 그들은 미용과 화장품에 관해서도 수다를 떨기 시작했다. 이는 메리 케이가 가장 기다리고 원하던 주제였다. 훗날 이들은 메리 케이의 VIP 고객이 되었다. 기회가 오면 놓치지 마라. 적절한 칭찬은 누구나 듣고 싶어 한다. 메리 케이는 자신을 거절하는 사람조차 칭찬했다.

하루는 메리 케이가 한 가정집을 방문했을 때, 그 집 여주인은 돈이 없다는 핑계로 메리 케이를 돌려보내려 했다. 순간 여주인이 비싼 애완견을 안고 있는 것을 알아챈 메리 케이는 자연스럽게 칭찬을 시작했다.

"보기 힘든 종류의 귀한 애완견을 키우시네요."

"잘 아시네요."

"아유, 이 예쁜 녀석 키우시려면 비용이 만만치 않겠어요?"

"그럼요. 정말 만만치 않다니까요."

여주인은 기다렸다는 듯이 자신이 애완견에 쏟는 수많은 정성에 대해 떠벌리기 시작했다. 끝없는 자랑을 조용히 듣고 있던 메리 케이는 이렇게 말했다.

"보통사람은 이렇게 많은 비용과 정성을 들여서 애완견을 키울 수 없죠. 화장품도 그렇답니다. 가격이 좀 비싸고 좋은 상품은 일반인을 위한 것이 아니라 사모님처럼 수준 높은 분들을 위한 거죠."

그 여주인은 흔쾌히 메리 케이의 화장품을 구매하기 위해 돈을 지불했다.

샤를 르 드골(Charles de Gaulle)의 지혜

1960년 프랑스 대통령 드골이 미국을 방문하자 리처드 닉슨(Richard Milhous Nixon)미 부통령은 그를 위해 파티를 열었다. 드골은 닉슨 부통령 부인이 자신을 위해 준비한 연회를 보고 그녀에게 칭찬을 아끼지 않았다.

"저를 위해 이런 멋진 연회를 준비해 주서서 정말 감사합니다."

이 말을 들은 닉슨 부통령의 부인은 매우 기뻐했다. 연회가 끝나고 그녀는 친구에게 말했다.

"이제껏 많은 연회를 준비해 봤지만 한 번도 고맙다는 말을 들어 본 적이 없어. 하지만 드골 대통령은 달랐어."

어떤 사람은 그녀의 연회 준비가 당연한 것이라고 말할지 모른다. 하지만 드골은 고마움을 전했고, 그런 세심한 배려가 그녀를 감동시켰다. 작은 일에도 주의를 기울이는 드골의 자세는 우리에게 깊은 교훈을 준다. 칭찬할 필요가 있을 때는 칭찬을 아끼지 마라. 타인의 호감을 얻는 일은 의외로 아주 작은 부분에서 시작된다.

한 자동차 회사의 판매원이 얼마나 주도면밀하게 고객을 관찰하고 칭찬하는지 감상해 보자.

결혼 10년이 되도록 아이를 가지지 못해 마음 한 구석이 늘 공허했던 어느 부부가 강아지 몇 마리를 키우기로 했다. 그들에게 애완견은 자식과도 같은 존재였다. 어느 날, 그 집을 방문한 자동차 판매원은 부인이 얼마나 강아지를 아끼는지 금세 알아차렸다. 판매원은 강아지의 훌륭한 혈통과 생김새를 칭찬했다. 부인은 그 말에 기분이 좋아졌고 일요일에 남편을 만나게 해주겠다고 약속했다. 남편이 퇴근하자 부인은 기다렸다는 듯이 말했다.

"당신 차 산다고 했죠? 내가 자동차 회사 영업사원과 일요일에 약속 잡아 놨어요."

갑작스런 부인의 태도에 남편은 다소 언짢은 기색을 보였다.

"차를 바꿔야 한다고 했지 지금 산다고는 안 했잖소."

사실 그도 차를 한 대 사려고 했지만 결정을 내리지 못해 차일피일 미루고 있던 차였다. 일요일이 되자 영업 사원이 방문했다. 그는 남편이 우유부단한 성격임을 알아차리고 칭찬을 아끼지 않았다. 결국 남편은 보이지 않는 손에 이끌리듯 그 자리에서 차를 계약했다.

인간은 누구나 칭찬받기를 원한다. 칭찬을 듣고 기쁘지 않은 사람이 누가 있겠는가. 돈이 드는 일도 아니고 말 한 마디로 남을 기쁘게 할 수 있는데 무엇을 주저하는가? 만약 당신이 이렇게 행동한다면 성공은 멀지 않은 곳에 있다.

칭찬을 싫어하는 사람이 있는가

브라이언 트레이시는 주차장으로 낡은 차 한 대가 들어오는 것을 보았다. 차가 멈추자 브라이언은 운전석에 있는 남자에게 다가가 책을 소개했다. 그 남자는 결정을 내리지 못하고 책을 뒤적거리며 고민했다. 브라이언은 부드럽게 웃으며 말했다.

"전 이곳에서 자주 영업을 합니다. 선생님이 나중에 벤츠를 타고 오실 때에도 절 기억해 주시면 좋겠네요."

그 남자는 엉겁결에 자신이 곧 벤츠를 사기라도 할 것처럼 대답하고는 또 다른 책이 없는지 물었다. 그 남자가 망설이고 있을 때, 브라이언은 자신이 한 마디 더 거들면 책을 팔 수 있으리라 생각했다. 그래서 그는 남자의 용기를 북돋우며 말했다.

"선생님께서 벤츠를 몰고 오실 때는 제가 감히 옆 좌석에 앉을 수나 있겠습니까? 이렇게 일찍 성공한 선생님께 한 수 배워야겠습니다."

마침내 남자는 그 자리에서 구매서를 작성했다.

"자네가 가진 12질의 책이 각각 50권씩인가? 내 직원들에게도 선물하고 싶네. 여기 계약서와 내 회사 주소가 적힌 명함일세."

그렇게 해서 브라이언은 수완이 좋은 영업사원으로 성장했다. 모든 사람에게는 이상이 있고, 그 꿈이 현실이 되기를 간절히 바란다. 우리가 상대방에게 그 꿈을 이룰 수 있다는 확신을 줄 때 그의 기쁨은 세상 무엇과도 견줄 수 없는 것이 된다. 그렇다. 상대방을 기쁘게 하는 방법은 그가 간절히 바라지만 얻지 못한 것을 찾아내 그 가능성을 칭찬해 주는 것이다. 꿈은 사람에게 원동력을 준다. 당장은 돈이 없고 힘들어도 꿈이 있기에 지치지 않고 목표를 향해 나아갈 수 있는 것이다. 결국 상대방의 호감을 사는 가장 좋은 방법은 바로 그 꿈을 읽어내어 격려하고 칭찬하는 것이다. 야망이 큰 사람일수록 이 방법은 더욱 효과가 있다.

'난 정말 멋져' 라고 느끼게 해 줘라

"주변 사람을 참 잘 챙기시는 군요."

"운전을 정말 잘 하시네요."

"정말 세심하시네요."

"좋은 부모님이시군요."

"재테크에 일가견이 있으시네요."

누군가 당신에게 이런 말을 한다면 기분이 어떨까? 어깨가 으쓱해지지 않겠는가? 칭찬을 받으면 누구나 '난 정말 멋져.' 라는 기분 좋은 느낌을 갖게 되고 상대방에게도 호감을 가지게 된다.

이 세상에 완벽한 사람은 없다. 아름다운 외모를 가진 사람도 부족한 점이 있고, 뛰어난 능력이 있는 사람도 남보다 못한 부분이 있다. 여기서 우리가 주목해야 할 것은 겉으로 드러나는 모습보다 속에 감춰진 아름다움을 발견하고 칭찬을 하는 것이 더욱 효과가 크다는 점이다.

미국의 브리태니커 백과사전 영업사원은 이 점을 잘 알고 활용했다. 조금이라도 구매의사가 있는 고객을 만나면 그는 고객의 아이한테 이렇게 말했다.

"너희 아버지는 정말 좋은 분이시구나. 너희들 공부 열심히 하라고 이렇게 좋은 책들을 선뜻 사 주시고 말이야. 부모님이 너희를 얼마나 사랑하는지 결코 잊지 말아야 한다. 알았지?"

이런 말을 듣고 계약서에 서명하지 않을 사람이 누가 있겠는가?

칭찬이 인생항로를 활짝 열어 줄 것이다

마이크는 대형 상점에 자기회사의 통조림 식품을 납품하기 위해 책임자인 토마스를 찾아 갔다.

"제가 이 상점에 여러 번 와 봤습니다만 이렇게 큰 규모로 상점을 운영하는 것에 번번이 놀랐습니다. 국내외 유명상표들이 빠짐없이 진열되어 있고 매장의 청결 상태나 직원들의 서비스도 수준급입니다. 정말 존경스럽습니다."

"고맙습니다. 아직 부족한 것이 많은데도 이렇게 칭찬을 해 주니 오히려 부끄럽군요."

마이크의 칭찬에 토마스 사장은 잔뜩 고무된 목소리로 대답했다. 마이크는 자신의 작전이 들어맞자 속으로 쾌재를 불렀다. 대부분의 사람은 자신에게 뛰어난 점이 있다고 여긴다. 일반적으로 '칭찬 접근법'은 영업사원이 고객에게 쉽게 다가가기 위해 사용한다.

남들에게 호감을 사고 싶다면 "칭찬 접근법"을 시도해 보기를 권한다. 먼저 상대방의 장점을 찾아 내라. 친구의 집에 갔을 때 거실에 걸린 그림을 보고 "이 그림 진짜 멋지다. 그림 덕분에 거실이 빛나는구나. 누가 산 거야? 정말 감각 있네!"라고 말해 보라. 당신의 친구는 분명히 기뻐할 것이다. 영업 사원에게는 고객과 첫 만남이 바로 이런 경우에 속한다. 그들은 인사를 나눈 다음, 주변에 있는 것들을 화제로 삼아 이야기를 주고 받는다. 응접실을 둘러보고 인테리어를 칭찬하는가 하면 탁자나 바닥재, 심지어 창틀에 있는 화분까지도 그들에게는 칭찬 대상이 된다. 주변의 모든 것들은 모양과 색깔, 배치 등 다양한 부분으로 칭찬될 수 있다. 하지만 현명한 영업사원은 한 수 위의 '칭찬비법'을 사용한다. 그 비법은 상대방의 능력이나 학식을 칭찬하는 것이다. 물건을 칭찬하는 것도 좋지만 본인을 칭찬해 주는 것이 훨씬 더 효과가 크기 때문이다. 어렵다고 생각되는가? 전혀 그렇지 않다. 잠시만 상대방을 관찰하라. 그럼 당신은 그가 가진 장점을 쉽게 찾아 낼 수 있다.

상대방의 가려운 부분을 긁어 줘라

마음에 꼭 드는 칭찬을 받으면 자신감이 커진다. 즉 상대방의 가려운 곳을 긁어 주는 칭찬이야말로 가장 좋은 방법이다. 그렇다면 어떻게 다른 사람의 가려운 곳을 찾을까?

일본의 KINGTOP 영업사원인 사이토 다케(齊藤竹)는 "사람들과 대화하다 보면 그들이 가진 약점을 어렵지 않게 찾아 낼 수 있다. 말에는 그 사람의 생각이 묻어난다. 자주 입에 오르내리는 주제는 바로 그가 가장 바라는 것이다. 당신은 그 가려운 곳을 긁어주기만 하면 된다."라고 말했다. 그 예로, 아름다운 여성을 만났을 때 우리는 당연히 그녀의 외모를 칭찬하게 된다. 왜냐하면 그것이 그녀가 가장 자신 있어 할 부분이기 때문이다. 하지만 이것은 평범한 칭찬이다. 한 발 더 나아가서 그녀의 지혜로움을 칭찬해 보자. 당신의 세심한 관찰에 그녀는 훨씬 더 기뻐할 것이다.

자연스럽고 진실되어야 한다

외국 여성들은 '예쁘다' 는 칭찬을 좋아한다는 말을 들은 한 남자가 있었다. 호기심이 많은 그 남자는 외국에 갈 기회가 생기자 이를 실행에 옮겨 보기로 했다. 어느 날 그는 시장에서 조금 뚱뚱해 보이는 부인에게 "정말 아름다우시군요." 라고 말을 걸었다. 이 말을 들은 여자는 눈을 치켜뜨며 불쾌해 했다. 이처럼 당신이 상대방에 대해서 얼마나 잘 알고 있는지 칭찬을 해 보면 잘 드러난다. 부적절한 칭찬은 옷 입고 가려운 곳을 긁는 것처럼 아무 효과가 없다. 지나친 칭찬은 오히려 반감을 사게 되는 것이다. 그러므로 칭찬을 할 때에는 진실하게 보이는 것이 가장 중요하다.

칭찬 고수의 '필살기'

'칭찬 비법' 을 자유자재로 사용하려면 기술이 필요하다. 그림은 누구나 그릴 수 있지만 명작은 아무나 탄생시킬 수 없는 것처럼 말이다. 칭찬 역시 고도의 기술이 필요하다. 이제부터는 여러분에게 도움이 될 만한 칭찬 고수들의 '필살기'를 소개하겠다.

칭찬에도 테크닉이 필요하다

세계적으로 명망이 높은 조지 이스트먼(George Eastman)은 감광필름을 발명해서 영화제작을 가능하게 한 사람이다. 감광필름의 발명으로 그는 1억 달러에 육박하는 재산과 명예를 동시에 거머쥐게 되었다. 엄청난 부를 누리게 된 이스트먼은 로체스터(Eastman School of Music-역자)에 음악학교를 건립하고 어머니를 기념하는 극장도 세웠다.

뉴욕에서 고급 의자회사를 경영하는 아담스는 음악학교에 의자를 공급하려고 이스트먼과 어렵게 약속을 잡았다. 이스트먼과의 만남을 주선해 준 건축기사는 아담스에게 걱정스러운 표정으로 충고했다.

"자네 이야기가 5분을 넘기면 결코 이 계약을 성사시킬 수 없을 걸세. 그러니 시간을 잘 활용하게나."

아담스가 사무실에 들어섰을 때 이스트먼은 서류를 검토하고 있었다. 건축기사가 두 사람을 인사시켰다. 간단한 인사가 끝나자 아담스가 먼저 입을 열었다.

"이런 사무실을 가진 선생님이 참 부럽습니다. 제게 이런 사무실이 생긴다면 온종일 앉아서 일해도 피곤하지 않을 것 같네요. 저는 실내목공업 분야에서 일하고 있습니다만 여태껏 이렇게 멋진 사무실은 처음입니다."

순간 이스트먼은 우쭐해지면서 기분 좋게 말하기 시작했다.

"그래요. 이 사무실은 정말 아름답습니다. 막 건립된 당시에 난 참으로 이 사무실을 좋아했다오. 헌데 지금 와서 돌아보니 일에만 파묻혀서 그 동안 이 사무실을 둘러보지도 않았군요."

아담스는 이것이 기회란 걸 명확히 알고 있었다. 그러나 그는 평범한 세일즈맨들과 달리 사무실에 있는 아름답고 훌륭한 가구를 화제로 삼지 않았다. 오히려 아담스는 너무나 평범해서 눈에 잘 띄지도 않는 나무판자를 소중한 물건 다루듯 어루만졌다.

"이것은 영국제 상수리나무로 만든 것이군요. 영국산과 이태리산은 재질이 좀 다르죠."

아담스의 안목에 이스트먼은 다시 한 번 놀랐다.

"맞아요. 이건 영국제 상수리목이지요. 이쪽 일을 하는 친구가 선물해 준 겁니다."

그 말과 동시에 이스트먼의 거만했던 표정은 이웃집 아저씨처럼 평범하게 변했다. 그리고 그는 아담스에게 사무실 구석구석 손수 꾸민 인테리어에 대해 설명하기 시작했고, 창업 당시의 고충을 털어놓기까지 했다. 이스트먼의 이야기는 자신의 어머니와 어린시절에 대한 추억으로 계속 이어졌다. 이스트먼이 속내를 털어놓을수록 아담스는 단순한 세일즈맨 이상의 사람이 되어 갔다.

"내가 이번에 시내에 나갔다가 의자를 몇 개 가져 왔소. 헌데 햇빛 때문에 색이 바랬더군요. 그래서 직접 페인트를 사서 칠을 해 봤는데 내 솜씨에 대해 당신의 조언을 듣고 싶소. 어떻소? 내 집에 가서 점심을 같이 하면서 의자를 한 번 봐 주겠소?'

이스트먼이 아담스에게 이런 제안을 하기까지 약속된 5분의 미팅

시간은 이미 두 시간을 넘긴 상태였다. 하지만 아담스는 조급해 하지 않고, 자신의 사업 제안을 계속 미뤄 둔 채 이스트먼의 집으로 향했다.

점심 식사 후, 이스트먼은 자신이 칠한 의자를 아담스에게 보여 줬다. 아담스는 그 의자가 몇 달러만 주면 쉽게 얻을 수 있는 흔한 의자란 것을 한눈에 알았다. 하지만 아담스는 이스트먼이 그 의자를 얼마나 아끼고 있는지를 더 잘 알고 있었다. 그래서 그는 의자의 가치에 대해서는 언급하지 않고 의자에 공들인 이스트먼의 노력과 솜씨에만 찬사를 표했다. 그리고 얼마 후, 이스트먼의 집을 나서는 아담스의 손에는 의자공급 계약서가 쥐어져 있었다.

칭찬하는 법을 어떻게 배울까?

세계에서 가장 성공한 기업인이자 미국의 억대 재벌인 더스트는 자신이 듣고 싶은 칭찬을 타인에게 들려주라고 충고한다.

성공적으로 프로젝트를 완수한 동료에게 진심어린 축하를 건네라. 당신이 타인의 공적을 얼마나 높이 사는지 그들에게 들려주어라. 또한, 칭찬비법을 사용할 때에는 과감하게 표현하라. 단 때와 장소, 그리고 칭찬의 대상에 주의할 필요가 있다.

칭찬할 때 다음의 몇 가지를 참고하라.

1. 진심어린 칭찬을 하라.
아부는 칭찬이 아님을 명심해라. 입에 발린 소리는 진심에서 우러나온 것이 아니기 때문에 상대방이 쉽게 눈치챈다. 늘 아부 섞인 발언을 하게 되면 정작 중요한 순간에 아무도 당신의 말을 믿지 않는다. 세상에는 칭찬받을 만한 아름다운 일이 너무도 많다. 굳이 진심이 아닌 말로 공든 탑을 무너뜨리지 마라.

2. 사람이 아니라 사실을 칭찬하라.

타인이 이룬 업적이나 사실에 칭찬의 초점을 맞춰라. 듣는 사람이 훨씬 받아들이기 쉬울 것이다. 예를 들면 "메리, 당신은 정말 대단해요."보다 "메리, 당신의 책은 정말 재미있어요." 가 더 듣기 좋다. 또, "난 당신보다 훌륭한 연설가를 본 적이 없어요."보다 "어제 연설은 정말 훌륭했어요."가 칭찬받는 사람에겐 더 자랑스럽게 여겨지고 진실하게 느껴진다.

3. 구체적으로 말하라.

사실을 구체적으로 칭찬할 때 그 효과는 두 배가 된다. 단, 너무 많은 것을 말하려 들면 오히려 좋지 않다. 그래서 요점이 분명하지 않은 칭찬은 금물이다. "빌, 오늘 입은 옷 진짜 멋있다. 넥타이가 정장에 아주 잘 어울려.", "빌, 옷차림이 보기 좋다." 당신은 둘 중 어떤 것이 더 맘에 와 닿는가?
"메리, 넌 매번 개개인의 소중함을 일깨워 주는 것 같아."라는 말이 "메리, 넌 사교성이 좋구나."라는 말보다 더 듣기 좋다. 이렇게 구체적으로 표현하는 칭찬이 훨씬 더 상대방의 마음에 가까이 다가갈 수 있는 것이다.

4. '행복지수'를 높여라.

칭찬할 때 상대방뿐만 아니라 당신도 만족스러워야 한다. 여기에는 하나의 법칙이 있다. 만약 당신이 아무도 즐겁게 할 수 없다면 스스로 행복하지 않을 것이다. 매일 세 명에게 칭찬을 해라. 당신의 행복지수가 올라갈 것이다.

　　칭찬하기를 '행복게임'이라고 생각하고, 주변에서 칭찬할 만한 일을 찾아내라. 아마 예전에는 미처 몰랐던 즐거움을 발견할 수 있을 것이다. 칭찬은 사람을 사귀는 기술일 뿐만 아니라 당신을 더욱 행복하게 해 주는 습관인 것이다.

등 뒤에서 칭찬하라

《홍루몽[1]》의 한 구절을 살펴보자. 사상운(史湘云), 설보채(薛寶釵)가 가보옥(賈寶玉)에게 관직에 나갈 것을 권했을 때 그는 심한 반감을 느낀다. 가보옥은 사상운과 사람들 앞에서 임대옥을 이렇게 칭찬했다.

"대옥은 나에게 한 번도 이런 말을 한 적이 없어. 그녀가 이 따위 얘길 했다면 서로 얼굴 볼 일도 없지."

공교롭게도 창밖을 지나가던 대옥이 이 말을 듣게 되었다. 대옥은 자신이 없을 때 사상운과 설보채의 앞에서 자신을 칭찬한 보옥의 말이 진심이라고 생각했다. 만약 자신을 앞에 두고 그런 칭찬을 했다면 대옥은 보옥이 자신의 환심을 사기 위해 한 말이라고 생각했을 것이다.

이처럼 다른 사람을 칭찬할 때 그 사람이 없는 곳에서 칭찬하는 것은 매우 효과적인 방법이다. 당사자가 앞에 없다고 걱정하지 마라. 좋은 이야기는 금방 상대방의 귀에 들어가게 되어 있다.

만약 당신이 그 사람 앞에서 좋은 소리를 한다면 상대방은 당신이 그저 비행기를 태운다고 생각할 수 있다. 하지만 당사자가 없는 자리에서 한 칭찬은 당신의 말에 '진실'이라는 날개를 달아 주어 상대방을 감동시키는 마력이 있다. 가령 당신이 상사와 동료가 모두 모인 자리에서 상사를 칭찬하면 다른 사람들은 당신이 아부를 한다고 생각할 것이다. 따라서 이런 방법보다는 상사가 없는 자리에서 적극적으

---

1)紅樓夢 : 중국청대의 조점(曹霑)이 쓴 소설

로 그를 칭찬하는 것이 좋다. 그 말은 언젠가 당신 상사의 귀에 들어갈 것이다. 한 직원이 동료들과 이야기를 나누는 도중에 상사를 칭찬했다.

"양 사장님은 일처리가 뛰어날 뿐만 아니라 인격도 높으셔서 배울 게 많은 것 같아. 이런 사람과 같이 일을 한다는 건 정말 행운이지."

이 말은 사장의 귀에 전해졌고 내색하지 않았지만 사장은 무척 기분이 좋아졌다. 사장이 그 직원을 눈여겨보기 시작한 것은 물론이며, 그 일로 호감을 갖게 된 사장은 기회가 있을 때마다 칭찬을 늘어 놓았다.

"그 친구 말이야, 인품이 온화하고 마음 씀씀이도 세심한 게 아주 좋은 사람이더군."

등 뒤에서 다른 사람을 칭찬하면 당신의 인격도 검증 받아 일석이조(一石二鳥)의 효과를 거둘 수 있다. 당신의 상사를 칭찬할 때는 그의 업무처리 능력을 높게 사고, 덧붙여 공을 남에게 돌리는 겸손한 자세가 있음을 얘기하라. 그가 당신의 공을 가로채려 하다가도 그 말때문에 선뜻 그럴 수 없을 것이다. 당신이 상대방에게 한결같이 진심으로 다가간다면 당신에 대한 신뢰는 점점 쌓일 것이다. 본인이 없는 자리에서 칭찬하면 다른 사람들은 그 말이 진심이라고 생각한다. 이처럼 '등 뒤에서 칭찬하기'는 많은 사람들에게 귀감이 되는 동시에, 그 말을 전해 들은 당사자에게 큰 감동을 주어 당신에 대한 믿음이 더욱 두터워지게 만든다.

제3자의 앞에서 칭찬하라

"철의 재상"이라 불린 독일의 비스마르크(Otto von Bismarck)는 정치에 있어서 자신과 적대관계에 있는 자를 포섭하기 위해 다른 사람 앞에서 그를 칭찬했다. 비스마르크는 이 칭찬이 그의 귀에 들어갈 것이라는 것을 이미 알고 있었다. 그 말을 들은 비스마르크의 정적(政敵)은 기분이 좋아졌고 정치적인 반감은 호감으로 돌아섰다. 훗날, 두 사람은 정치적 동맹관계를 맺게 된다.

이와 같이 사람들은 듣기 좋은 소리를 좋아한다. 설령 그것이 진심이 아닌 아부라는 것을 알더라도 마음속으로는 기쁜 것이 인간의 본성이다. 칭찬이 너무 과장되지만 않으면 절대로 싫어할 사람이 없는 것이다. 하지만 여기서 중요한 것은 제3자에게 타인을 칭찬하라는 것이다. 그것이야말로 오묘한 매력의 칭찬이 가장 큰 효과를 볼 수 있는 방법이기 때문이다. 생각해 보라. 누군가 당신을 칭찬했고 그것을 당신은 제3자를 통해 전해 들었다면 얼마나 기쁘겠는가?

하지만 당신이 직접 칭찬을 받았다면 당신은 그 사람이 무언가 대가를 바라고 있다고 생각할 수도 있다. 제3자를 통해 전해 듣는 칭찬이 더 기분 좋은 이유는 대가를 바라지 않는 진심이 담긴 말이기 때문이다.

현실 속에서 우리는 종종 이런 상황을 보게 된다. 부모가 아이들에게 매일 잔소리를 해도 대부분의 아이들은 열심히 공부하지 않는다. 이럴 때 다른 사람으로부터 부모님이 얼마나 자기를 사랑하고 걱정하는지 듣게 된다면 아이들은 틀림없이 감동하여 달라질 것이다.

또, 부하 직원들을 닦달한다고 해서 일의 능률이 올라가는 것이 아니다. 어느 날 제3자에게 상사가 자신을 얼마나 눈여겨보고 있고 아끼고 있는지를 듣게 된다면 그 부하 직원은 상사에게 보답하는 마음으로 더욱 열심히 일하게 될 것이다.

제3자 앞에서 칭찬하는 것은 조화로운 인간관계를 맺어 주는 탁월한 방법이다. 누군가에게 "그 친구가 입이 닳도록 네 칭찬을 하더라."라는 말을 듣는다면 기분이 좋지 않겠는가? 상대방을 기쁘게 하고 싶다면 이제부터는 그가 없는 자리에서 칭찬하라.

"저는 평소에 선생님을 늘 존경해 왔습니다."라는 말을 누군가에게 직접 듣는 것보다 그 사람이 그런 말을 했노라고 다른 사람에게 전해 들을 때 그 진실성은 배가 된다. 그래서 등 뒤에서 칭찬하는 방법은 상대를 기쁘게 함과 동시에 그 진정성을 알릴 수 있다는 장점이 있다.

상대방의 성과와 업적에 관심을 가져라

대화할 때 상대방의 관심사에 귀를 기울여라. 그러면 상대가 먼저 당신의 생각에 관심을 보일 것이다.

정해강은 처음 부서 이동을 했을 때 누구와도 친해질 수가 없었다. 하지만 그는 그 이유를 알지 못했다. 사실 정해강은 직장에서 잇따른 승진으로 자만하고 있었다. 그래서 그는 사람들을 만나면 자기 자랑을 늘어놓기에 바빴던 것이다. 따지고 보면 사람들이 그를 멀리한 것도 지나친 게 아니었다. 다행히 정해강의 부친은 오랜 경험을 통해 아들의 문제점을 알아채고는 아들에게 그것을 지적해 주었다. 그날 이후, 정해강의 자기 자랑은 눈에 띄게 줄어들었다. 그 대신 동료들의 장점을 입이 닳도록 칭찬하기 시작했다. 머지않아 그는 많은 직장 동료들을 사귈 수 있게 되었다.

사람들은 누구나 자기 잘난 맛에 살고, 주변 사람들이 자신을 알아봐 주길 바란다. 만약 당신이 먼저 남들의 관심사에 귀를 기울이고, 그가 가진 장점을 칭찬한다면 그와 친구가 되는 것은 시간 문제다.

물건값은 비싸게, 나이는 적게 말하라

일상생활에서 타인을 칭찬하는 기술은 의외로 간단하다. 만약 적절한 시기에 사용한다면 원만한 인간관계를 구축하는 데 큰 도움이 된다.

"물건값은 비싸게, 나이는 적게 말하라."라는 속담이 있다. 이 말은 사람들의 보편적인 심리를 잘 나타낸 것으로, 듣는 이를 즐겁게 하고 호감을 살 수 있는 대화법이다.

물건값은 비싸게 불러라!

물건을 사는 것은 지극히 일상적이며 필연적인 행위이다. 사람들은 최소의 비용으로 최고의 물건을 얻고 싶어 한다. 내가 만 원을 주고 산 티셔츠를 친구가 7000원 정도면 살 수 있다고 말해서 멋쩍었던 기억이 누구나 있을 것이다. 이와 반대로 7000원에 산 옷을 남들은 더 비쌀 것이라고 얘기할 때 은근히 우쭐해지기도 한다. 바로 이러한 심리가 있기에 물건값을 비싸게 부르는 기술이 유용하다.

철수가 정장 한 벌을 구입했다. 영희는 그 정장이 20만 원 정도면 살 수 있음을 알고 있었다. 하지만 영희는 "그 정장 좋은 거구나. 못해도 30만 원쯤 하겠는 걸." 하고 말한다. 이 말을 듣고 철수는 으쓱대며 "이게 그렇게 비싸 보여? 난 15만원 주고 샀는데."라고 대답한다.

이것이 바로 기술이다. 영희는 철수가 얼마에 옷을 샀는지 모르지만 자기가 생각한 가격보다 높게 말했다. 이로써 상대방의 성취감을 고취시키고 기쁨을 주는 것이다.

물건값을 비싸게 부르는 방법은 상대의 환심을 사기에 아주 좋고 그 방법 또한 간단하다. 단, 물건 가격이 어느 정도인지 예상하고 적당히 높은 가격을 불러야 한다. 지나치게 높은 가격을 말하면 신뢰를 얻을 수 없다.

사람의 나이는 적게 불러라

사람은 누구나 자신의 외모가 나이보다 젊어 보이길 원한다. 그래서 세월이 갈수록 자신의 나이에 민감해지는 것이다. 갓 서른을 넘긴 사람이 남들 눈에는 40대 중년의 나이로 보인다면 기분이 좋을 리가 있겠는가? 사람은 누구나 늙는 것을 두려워하는 심리가 있기에 나이를 적게 말하는 기술이 필요하다. 이 기술은 상대방의 나이를 최대한 적게 말해서 젊어 보인다는 것을 강조하는 기술이다.

예를 들어 보자. 30대인 사람에게 20대 중반 정도로 보인다고 하거나 60대 중반인 사람에게 50대로 보인다고 말해 보라. 이 '아름다운 착각' 은 상대방을 기쁘게 한다. 물론 이 기술도 주의할 점이 있다. 나이를 적게 말하는 기술은 중년 이후의 사람들에게 아주 효과적이다.

어린 사람에게는 정반대의 기술을 써야 효과가 있다. 십대의 기억을 떠올려 보자. 그때 우리의 바람은 빨리 어른이 되는 것이었다.

결론적으로 '물건 값은 비싸게, 나이는 적게' 말하는 기술은 상대의 호감을 얻는 데 그 목적이 있다. 이 기술은 듣는 사람을 즐겁게 해 주는 '아름다운 착각'이며, 이때 해야 하는 '선의의 거짓말'은 아무리 많이 해도 해가 되지 않는다.

좋은 것만 말하라

샤오리우(小劉)가 아는 사람 중에 늘 험담을 하는 이가 있었다.

"왜 그렇게 다른 사람을 욕하지 못해서 안달일까? 정말 짜증나!"

샤오리우는 여동생에게 조언을 구했다.

"매일 남을 헐뜯는 사람이 있는데 어떻게 대처해야 좋을까?"

"그 사람의 좋은 점을 말해 줘."

여동생의 대답에 샤오리우는 자신의 귀를 의심했다.

"그게 대체 무슨 소리야?"

"오빠가 그 사람을 칭찬하면 그 사람이 오빠를 험담할 때 다른 사람들은 오빠 편이 되어 줄 거야. 그럼 그 사람은 더 이상 욕할 수가 없을 걸. 그리고 오빠와 그 사람의 관계도 좋아질 거야."

동생의 말에 일리가 있음을 느낀 샤오리우는 실행에 옮기기로 했다. 두 달 뒤, 샤오리우가 자신의 칭찬을 하고 다닌다는 사실을 안 그 사람은 스스로를 부끄러워 했고, 어느 날 그는 샤오리우에게 자신의 잘못을 인정하고 용서를 구했다. 이후, 두 사람은 좋은 친구가 되었다.

칭찬이 목숨을 구하다!

중년의 부부가 있었다. 남편은 우울증을 앓고 있었고 아내는 매일 정성을 다해 남편을 보살폈다. 하지만 남편의 우울증은 좀처럼 나아지지 않았다. 어느 순간, 남편은 아내를 죽이고 자신도 자살하면 이 고통에서 해방될 거라는 위험한 생각에까지 이르렀다. 그리고 이왕이면 아내가 모르는 사이에 빨리 죽이는 것이 그녀의 고통을 덜어주는 것이라고 생각한 그는 아내가 전화를 받는 사이에 과도를 들고 조심스럽게 다가갔다. 그 순간 아내의 통화 목소리가 그의 발걸음을 멈추게 했다.

"그이가 없다면 난 행복할 수 없을 거야. 예전에는 남편의 보살핌을 받기만 했지만 지금은 내가 그이를 보살필 수 있어서 정말 다행이야."

남편의 두 뺨에 뜨거운 눈물이 흘러 내렸다. 몇 년 후, 남편은 그 당시 자신의 심정을 고백했고 아내는 부드러운 미소를 지으며 말했다.

"칭찬 한 마디가 제 목숨을 구했네요."

 말을 잘하는 사람은 칭찬을 잘하는 사람이다.

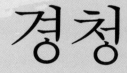

경청

CHAPTER.2

눈치가 빠르고 동작이 날쌔면 변화하는 사회에서 도태되지 않는다. 여러 사람의 의견을 수용하면서 항상 깨어 있을 수 있기 때문이다. 또한 겸손과 신중한 태도는 당신의 지식과 재능을 한층 빛나게 한다. 이 모든 것을 원한다면 당신은 먼저 '경청' 하는 법을 배워야 한다. 경청은 인간이 갖춰야 할 하나의 덕목이며 겸허한 자세이다. 경청하는 것은 이해와 수용이며 동시에 기대와 나눔이다. 그래서 경청의 뜻은 타인에게 말할 기회를 주는 것에 그치지 않는다. 경청은 자신의 몸을 낮추어 겸손한 마음으로 말하는 이와 마주하는 것이다. 이러한 태도는 서로간의 이해를 돕고 상대방의 신임을 얻을 수 있게 한다. 따라서 경청하는 기술을 익힌다면 당신 앞에 놓인 장애물을 현명하게 극복할 수 있을 것이다.

🌸 마오쩌둥(毛澤東)의 일화 🌸

30년대, 시아간링비엔구[1]에서 있었던 일이다.

어느 날 밤 폭우가 쏟아져 내렸고 한 사람이 번개에 맞아 숨지는 사건이 발생했다. 이를 본 한 농부가 "마오쩌둥이 저 번개를 맞았어야 했는데."라고 말했다가 향(鄕)정부 사무실에 불려갔다. 그곳에서 왜 그런 말을 했냐는 심문에 농부는 "공산당이 나쁘니까 그 우두머리를 욕하는 건 당연한 게 아니겠소?"라고 말했다. 그러자 정부 관리는 "어떻게 나쁘다는 겁니까?"라고 다시 물었고, 농부는 "힘들게 농사를 지어 놓으면 당에서 모두 가져가 버리니 대체 농민은 뭘 먹고 살라는 말이오? 그러니 내가 어떻게 마오쩌둥을 욕하지 않을 수 있겠소?"라고 항변했다. 마오쩌둥은 이 말을 듣고 화를 내기는커녕 그 사람의 이야기를 경청했고 그 결과, 실제로 과한 양의 곡물을 수거하고 있다는 사실을 알게 되었다. 그리고 마오쩌둥은 그 일을 계기로 남니만대생산운동[2]과 정병간정[3]을 실시하여 중국 공산당의 폐단을 개선하고 이를 통해 항일운동의 정신을 공고히 했다. 만약 당신이 마오쩌둥이었다면 어떻게 했을까?

---

1)陝甘寧邊區 : 섬서성, 감숙성, 영하성을 일컬으며 그 곳에 있었던 중국 공산당의 혁명 근거지
2)南泥灣大生産運動 : 항일전쟁 기간동안 산서성의 남니만에서 황무지를 개간해 의식을 자급자족 했던 팔로군의 정신과 운동
3)精兵簡政 : 군대의 정예화와 행정기구의 간소화

웅변은 은이요, 경청은 금이다

"총명한 사람은 경험을 빌려 말하지만 더 총명한 사람은 경험이 있기에 말하지 않는다."

고대 그리스 속담에 있는 말이다. 서양의 격언 중에는 "웅변은 은이요, 경청은 금이다."라는 말도 있다. 중국에도 "말이 많으면 반드시 실수를 한다."는 말이나 "말에 서투르나 행동은 민첩하다."란 이야기가 있다. 이 말들은 모두 최대한 적게 말하고 많이 들으라는 교훈을 우리에게 선사한다.

우리 주위에는 자신을 내세우기 좋아하는 사람들이 많다. 그들은 자신이 얼마나 잘났는지를 드러내고 싶어 하며 남들이 그런 자신을 대단하게 여길 것이라고 생각한다. 하지만 실상은 그렇지 않다. 더 똑똑하고 지혜로운 사람은 말을 많이 할수록 실수도 많아진다는 것을 경험을 통해 알고 있기에 꼭 필요한 경우가 아니면 쓸데없는 소리를 하지 않는다.

나이가 많은 사람들은 대부분 침묵이 말보다 효과적임을 안다. 물론 사람들과 어울리면서 수다를 떠는 것이 나쁘다는 것은 아니다. 하지만 말 때문에 문제가 생길 수 있으므로 모든 것을 다 말할 필요는 없다. 누구든지 말을 많이 하다 보면 과장을 하게 마련이다. 사람들은 의식적이든 아니든 감추려고 하는 습성이 있기 때문이다. 하지만 타인을 속이는 것은 쉬운 일이 아니다. 그래서 말이 많으면 실수도 늘어나게 된다. 반드시 말해야 하는 게 아니라면 적게 말하라.

'웅변은 은이요, 침묵은 금이다.'

이 말은 영업을 할 때 매우 유용하다. 침묵하는 고객에게는 생각할 시간과 여유를 주어라. 당신이 고객의 생각을 방해하면 그 계약은 물 건너가기 십상이다.

일본의 보험왕 하라 잇페이의 일화를 살펴보자. 어느 날 하라 잇페이는 자신의 끝없는 노력에도 꿈쩍 않던 운전기사를 찾아갔다. 그런데 어떤 설득에도 동요하지 않던 운전기사가 하라 잇페이의 영사기에 관심을 보였다. 그는 영사기를 생전 처음 보았던 것이다. 그 순간을 놓치지 않고 하라 잇페이는 생명보험을 소개하는 영화를 그에게 보여 주었다. 그리고 영화가 끝나 갈 무렵, 하라 잇페이는 운전기사에게 물었다.

"보험이 선생님과 가족에게 무엇을 줄 거라고 생각하십니까?"

영사기에 대한 호기심으로 영화까지 보았던 운전기사는 영화가 끝난 후에도 자리를 뜨지 않았다. 이윽고 그는 하라 잇페이에게 물었다.

"지금 이 보험에 가입할 수 있나요?"

결국 택시운전수는 고액의 생명보험에 가입했다.

어떤 영업 사원은 침묵이 결함이라고 잘못 생각하기도 한다. 그러나 적당한 침묵은 상대를 편안하게 하며 고객은 그런 태도를 좋아한다. 당신이 침묵하면 고객은 스스로 생각하고 결정할 기회를 갖게 된다. 따라서 누군가에게 떠밀려서가 아니라 자신이 직접 결정할 수 있다.

고객이 "생각해 볼게요."라고 할 때, 충분한 시간을 주어라. 왜냐하면 "먼저 가세요. 제가 생각해 보고 연락드릴게요."라는 말보다 희망적이기 때문이다. 고객의 침묵은 당신을 위한 배려라는 사실을 명심하라. 사실 침묵할 때의 부담감은 당신보다 고객이 훨씬 크게 느낀다. 그러니 고객이 침묵한다면 기다려라.

경청은 상대를 존중하는 가장 좋은 표현이다

경청은 예의 바른 행동이자 화자에 대한 존경의 표현이다. 따라서 경청을 하면 상대방의 신뢰를 얻을 수 있다. 타인에게 존중 받는 것을 원하지 않는 사람이 있는가? 당신이 진지하게 들으면 상대방은 존중 받고 있다고 느낀다. 이렇게 되면 당신과 그의 사이는 금세 가까워질 수 있다.

조지는 친구 소개로 기존의 고객을 방문했다. 그는 늘 하던대로 자신의 명함을 건네고 이렇게 말했다.

"안녕하세요. 저는 대형자동차 영업사원이고……."

그러나 말이 채 끝나지도 않았는데 그 고객은 조지의 말을 가로막았다. 게다가 고객은 차를 구매하고 난 후의 불만사항을 말하기 시작했다.

"서비스가 형편없어요! 자동차는 또 어떻고요? 내부시설이 엉망이었다고요."

이러쿵저러쿵 끝도 없는 불만이 이어졌다. 급기야 고객은 자신에게 차를 판매한 영업사원은 물론이고 시시콜콜한 부분까지 트집을 잡았다. 그럼에도 조지는 단 한 마디 하지 않고 조용히 듣기만 했다. 쉴새없이 떠들던 고객은 갑자기 민망한 표정을 지으며 조지를 바라보았다.

"젊은이, 이름이 뭡니까? 요즘 어떤 차가 괜찮은지 소개 좀 해 줘요. 그 책자도 좀 보여 주시오."

고객과 헤어질 무렵 조지는 속으로 환호성을 질렀다. 바로 그의 손에 차량 두 대의 구매계약서가 들려 있었기 때문이다. 고객이 결정하기까지 조지가 한 말은 열 마디도 되지 않았다. 하지만 고객이 자동차를 구입하기로 결정 내린 것은 조지가 발휘한 경청기술 때문이었다. 헤어질 때 고객은 조지에게 이렇게 말했다.

"젊은이는 참 솔직한 사람 같군. 내 말을 존중해 주는 것 같았소. 그렇지 않았다면 나는 젊은이에게 차를 사지 않았을 거요."

침묵이 필요할 때 당신의 입은 잠시 쉬어도 좋다. 대신 고객의 말에 귀 기울여라. 상대방이 존중받고 있다고 느낄 때 당신도 원하는 것을 얻을 수 있다.

경청을 통해 고객을 얻다

자동차 영업사원인 조 지라드(Joe Szilard)는 "세상에서 가장 능력 있는 컨설턴트"로 불린다. 조는 "세상에서 가장 무서운 힘에는 두 가지가 있다. 하나는 경청하는 자세고 다른 하나는 미소이다."라고 말한다. 당신이 상대방의 말을 들어 주는 시간이 길어질수록 그와 가까워질 것이다. 끝도 없이 말을 이어가는 영업사원의 실적은 제자리걸음이 태반이다. 왜 사람의 입은 하나인데 귀는 두 개일까? 그것은 적게 말하고 많이 들으라는 뜻이다.

조 지라드는 한 시간 가량의 노력 끝에 고객을 사무실 안으로 들어오게 할 수 있었다. 모든 세일즈맨이 그러하듯 지라드도 고객이 사무실에 들어선 순간 계약서에 사인만 받기만 하면 된다고 생각했다. 그러나 그 고객은 기대와는 달리 아들 자랑을 늘어놓기 시작했다.

"조, 우리 아들이 이번에 프린스턴 대학에 들어갔다오. 녀석은 의사가 되고 싶다더군."

"정말 대단하네요."

대충 대답을 하고 조는 다른 고객들을 둘러보았다. 조는 그들 중 누군가 계약서에 대해 묻길 바라며 기다렸다. 옆에 있는 그 고객의 아들 자랑은 멈출 기미가 없었다.

"아들놈이 꽤나 똑똑한 편이지. 그녀석이 어렸을 때부터 나는 알아볼 수 있었다니까."

고객의 말에 조는 "성적이 좋았겠네요."라고 간단히 거들었다. 지라드의 시선은 여전히 다른 고객에게 향했고, 그 고객의 아들 자랑은 귀만 아플 뿐이었다. 조는 그저 고객의 비위를 맞추려고 이어가는 식의 대답을 할 뿐이었다.

"아무렴, 늘 일등이지. 그 녀석은 단 한 번도 일등을 놓친 적이 없었다오."

"참 훌륭하군요. 그럼, 고등학교 졸업 후에는 뭘 하고 싶답니까?"

조는 무심결에 자신이 실수를 저지른 것도 모르고 다른 고객을 살펴보고 있었다.

"방금 말하지 않았소. 녀석은 프린스턴 대학에 들어갔고 앞으로 의사가 되고 싶어 한다고……."

고객은 실망한 표정으로 지라드를 바라보다 급한 용무가 있다며 쌀쌀맞게 나가버렸다. 조는 고객의 사인이 빠진 빈 계약서만 멍하니 바라보고 있었다.

다음 날, 조는 사무실에 도착하자마자 그 고객에게 활기찬 목소리로 전화를 했다.

"조 지라드 입니다. 선생님께 추천하고 싶은 좋은 차량이 있는데 지나시는 길에 한 번 들러 주세요."

그러나 고객은 전날 사무실을 떠날 때와 마찬가지로 냉랭한 목소리였다.

"아, 어제 만난 컨설턴트로군. 난 이미 다른 사람에게 차를 샀소. 해서 당신이 보여주겠다는 그 차는 필요 없을 것 같군요."

고객의 차가운 대응에도 지라드는 굴하지 않았다. 자신이 왜 실패했는지 그 이유만이라도 알고 싶었다.

"마음에 드시는 차를 구입하셨나 보군요."

"그렇소, 실은 차보다도 그 영업사원이 더 마음에 들었거든."

그 사람은 잠시 말을 멈추고 나서 지라드에게 속마음을 이야기했다.

"자네는 내 말을 전혀 귀담아 듣지 않았네. 내 아들이 의사가 되든 말든 자네와는 상관없는 일이니까. 하지만 젊은이! 다른 사람이 기쁜 일이나 슬픈 일을 이야기할 때에는 성의 있게 들어줘야 한다네."

조는 그제야 자신이 왜 고객을 놓쳤는지 깨달았다. 고객의 꾸짖음을 들은 상황에서도 조는 통화를 중단하지 않았다. 조는 뒤늦게 진심 어린 사과를 했다.

"선생님, 만약 그 이유 때문에 다른 사람에게서 차를 구매하셨다면 그건 모두 제 불찰입니다. 만약 제가 선생님이었다고 해도 저 같은 사람에게 차를 사지는 않았을 겁니다. 죄송합니다."

조는 정중히 사과하며 다시 말을 이어갔다.

"고객님은 정말 대단한 분입니다. 그리고 아드님을 대학에 보내신 것도 아주 현명한 선택이었다고 생각합니다. 그리고 선생님의 선택 이상으로 아드님은 뛰어난 의사가 될 것입니다. 아마 세계적으로 명성을 드높이게 될 수도 있겠지요. 그런 대단한 분들에게 저는 못난 모습만 보였습니다. 제가 한 일은 되돌릴 수 없이 부끄러운 일이지만 저에게도 잘못을 만회할 기회를 주셨으면 합니다."

"무슨 기회를 말하는 것이오?"

"만약에 선생님이 저를 다시 찾아 주신다면 전날의 무례함만 있는 사람이 아니라는 것을 증명하고 싶습니다. 사실 저는 성공한 사람들의 인생에 대해 듣는 것을 좋아하거든요. 물론 어제 일로 고객님이 실망하신 것은 잘 알고 있습니다. 다시는 제 사무실에 오고 싶지 않다고 하셔도 드릴 말은 없습니다."

2년 후, 조는 그 고객에게 차를 팔 수 있었다. 또한 그 고객은 자신의 많은 동료에게 조를 소개시켜 주었다. 몇 년이 흐른 뒤, 조는 그 고객의 아들에게도 차를 팔았다. 고객의 아들은 젊은 의사가 되어 있었다.

이후 조는 고객이 말할 때 절대 건성으로 듣지 않았다. 고객을 보면 먼저 그들의 근황을 물었고 고객의 취미나 관심사, 사소한 일까지도 절대 흘려 듣는 일이 없었다. 사람들은 자신의 이야기를 경청해 주는 사람을 보면 존중받고 있다고 느낀다. 조는 '경청'에 대해 몇 가지 정의를 내렸다. 그는 상대방의 말을 경청하면 적어도 3가지 이상의 좋은 점이 있다고 말한다.

1. 상대방에 대한 존중을 나타낸다.
2. 계약을 성사시킬 수 있는 확률이 커진다.
3. 고객이 가진 문제점을 발견할 수 있다.

가장 효과적인 경청의 방법

1. 당신이 얼마나 열심히 듣고 있는지 알게 하라.
2. 당신이 얼마나 진실한 태도를 가지고 있는지 알게 하라.
3. 경청한 내용을 기록하라.
기록하는 것이 좋은 세 가지 이유
(1) 상대로 하여금 존중받고 있다는 생각이 들게 한다.
(2) 상대가 하는 이야기의 요점을 파악하기 쉽고 의사소통이 원활해진다.
(3) 잊어버렸을 경우에 대비할 수 있다.

4. 재차 확인하면 오해를 피할 수 있다.

5. 절대로 상대방의 말을 끊지 마라.

끼어들지 않는 것이 좋은 세 가지 이유

(1) 상대방의 기분을 좋게 한다.
(2) 상대방의 말 속에서 많은 정보를 얻을 수 있다.
(3) 상대방이 의사를 제대로 전달할 수 있다.

6. 상대방이 말을 멈추면 당신도 기다려라.

기다리는 것이 좋은 세 가지 이유

(1) 상대방이 계속해서 말을 이어갈 시간을 줄 수 있다.
(2) 이 시간을 이용해서 당신이 하고 싶은 말을 정리할 수 있다.
(3) 상대방으로 하여금 당신의 말이 논리적이며 신뢰할 수 있다고 느끼게 한다.

7. 이해할 수 없으면 물어 보아라.
8. 경청할 때, 당신이 할 말을 생각하지 마라.

상대가 말하고 있을 때 당신이 다른 생각을 하면 혹여 지나치는 부분이 생길 수 있다.

9. 경청할 때에는 부드럽게 웃으며 고개를 끄덕여라.

당신이 긍정과 격려의 의사를 나타내면 상대방은 더 많은 이야기를 할 것이고 당신은 그 속에서 새로운 정보를 얻을 수 있다.

10. 잡음에 주의해라.

당신이 내는 잡음 때문에 상대방이 하는 말이 끊기거나 영향을 줄 수 있다.

11. 시선은 상대방의 콧등이나 이마를 보아라.

이렇게 하면 당신의 시선이 비교적 온화하게 느껴질 것이다. 단, 절대로 상대방의 눈을 똑바로 마주치지 마라.

12. 좌석의 위치를 잘 잡아라.

고객과 정면으로 마주보는 자리는 피하라. 상대방에게 대립적인 느낌을 준다. 고객이 문이나 창을 바라보고 앉게 하면 산만해진다. 가장 좋은 방법은 고객이 벽을 바라보게 하는 것인데 이렇게 하면 대화에 집중할 수 있다.

모든 사람은 자신의 목소리를 듣고 싶어한다

마음대로 상대방의 말을 끊지 마라

다음에 이어지는 영업사원의 대화를 보자.

영업사원 : "제 생각에는 직접 내부수리를 하시는 것보다 저희 회사
에서 대행을 하는 게 비용이 훨씬 저렴할 것 같습니다."

칼   : "나도 나름대로 계산을 해 봤어요. 당신 말대로 우리가
하면 돈이 더 들긴 하지만 아무래도 그 회사가 전자 방면
에는……."

영업사원 : "죄송합니다. 제가 한 마디만 해도 될까요? 모든 일을 완
벽하게 할 수 있는 사람은 없습니다. 차를 수리하는데도
제대로 된 설비가 필요합니다. 예를 들면……."

칼   : "내 말을 오해했군요. 내가 하고 싶은 말은……."

영업사원 : "무슨 말씀이신지 압니다. 선생님의 직원이 천재라고 해
도 제대로 된 시설이 없이 일을 할 수는 없지 않겠습니까?"

칼   : "아직도 제 말뜻을 모르시는군요. 지금 여기서 수리를 맡
고 있는 사람은……."

영업사원 : "선생님, 잠깐만요. 제가 한 마디만 하겠습니다. 만약……."

칼   : "이만 가 주시면 좋겠네요."

영업사원은 거의 쫓겨나다시피 사무실을 나와야 했다. 왜 이런 일
이 생겼을까? 친한 친구라고 해도 중간에 말을 끊으면 기분이 상한
다. 하물며 고객의 마음을 얻어야 할 영업사원이 이렇게 행동한다면

누가 좋아하겠는가? 고객이 아무리 재미없고 얼토당토않은 이야기를 한대도 성실하게 경청하라. 고객의 말을 무시하는 영업사원에게는 성공이란 그림의 떡일 뿐이다.

말하기 싫어하는 사람은 없다

고객이 말하려고 하면 재빠르게 들으려는 모습을 보여 줘라. 그리고 상대방을 주시하며 이야기하라. 고객이 이야기할 때 주변을 두리번거리지 마라.

질문에 대답할 때에는 자연스런 표정으로 상대방을 바라보라. 왜냐하면 눈빛은 당신이 얼마나 진지하게 이야기를 듣고 있는지를 보여 주기 때문이다. 고객과 만나면 주도적으로 화제를 이끌어 갈 필요가 있다. 고객이 끝도 없이 신변잡기를 늘어놓을 때에는 화제를 제자리로 돌려야만 한다. 만약 고객이 불쾌할까 걱정된다면 우선 하고 싶은 말을 하도록 내버려 둬라. 그리고 나서 본론을 이야기하라.

말하는 것을 싫어하는 사람이 없다는 사실을 명심하라. 사람들은 자신의 느낌과 견해에 대해 말하기를 좋아한다. 이때, 고객의 답변을 이끌어 내고 제품을 구매할 수 있도록 하는 것이 당신이 해야 할 일이다.

두 개의 귀와 하나의 입

사람은 누구나 남의 이야기를 듣는 것보다 자신의 이야기를 하고 싫어 한다. 또 나와 관련된 일은 즐겁게 말하지만 상대방과 관련된 이야기는 즐거워하지 않는다. 만약 당신이 말을 잘하고 여기저기 환영받는 사람이 되고 싶다면 한 가지만 주의하라.

다른 사람과 말할 때, 특히 고객과 대화할 때에는 상대방에게 말할 기회를 줘라. 대부분의 사람들은 듣는 것보다 말하는 것을 훨씬 좋아한다. 영업사원들은 상품소개와 판매로 고객과의 대화 중 70%정도를 주도한다. 자연히 고객은 말하기보다 수동적으로 듣기만 하게 된다. 그리하여 그들의 실적은 그들이 말한 만큼 바닥을 기게 된다. 하지만 능력 있는 영업사원은 성공의 법칙을 잘 알고 있다. 당신도 우수사원이 되고 싶다면 듣기와 말하기의 비율을 2:1로 하라. 70%의 시간을 고객에게 주고 당신은 경청하라. 그리고 30%의 시간은 질문과 칭찬, 격려의 대화로 보내라. 바로 이것이 '두개의 귀, 하나의 입' 법칙이다.

화술에 뛰어난 영업귀재들은 이렇게 충고한다. "경청하고 또 경청하라!" 경청을 하게 되면 당신의 삶도 즐거워진다. 경청하는 태도를 보이면 주위 사람들에게 더 많은 호감을 얻을 뿐만 아니라 고객의 신뢰도 두터워진다.

결국 당신은 경청을 통해 늘어나는 계약서를 보며 웃음 짓게 될 것이다. 경청은 마케팅의 수단이면서 나아가 일종의 수양이다. 물론 살다 보면 입을 다물고 있는 것이 어려울 때가 있다. 하지만 말하는 데만 급급해 하지 말고 '듣는 방법' 을 배워야 한다. 자기 이야기를 하는 시간이 45%가 넘지 않도록 하며 적절한 시기에 말을 멈춰라.

제리 아커프(Jerry Acuff)는 미국 자연식품회사의 판매 왕이다.

어느 날, 그는 평소처럼 알로에의 효능을 설명하고 있었다. 그런데 아무리 설명해도 고객은 시큰둥한 반응만을 보이는 것이 아닌가. 아커프는 고객이 왜 그러는지 궁금해졌다. 그래서 그는 고객의 표정을 살피다가 베란다에 놓인 아름다운 분재를 보게 되었다.

"아니, 저렇게 귀한 분재를 어디서 구하셨어요? 제가 여러 고객님을 방문해 봤지만 이런 화초는 본 적이 없습니다."

그 말을 들은 여주인은 그제서야 반색을 하며 맞장구를 쳤다.

"맞아요. 이건 카트레야라는 난초의 일종인데 희귀품종이예요."

아커프는 여주인의 관심이 난초에 집중된 것을 보고 자연스럽게 그녀의 말을 이끌어 냈다.

"그렇군요. 이렇게 좋은 난초는 가격도 비쌀 것 같네요."

"당연하죠. 화분 하나에 800달러나 주고 산 걸요."

여주인은 자신이 알고 있는 난초에 관한 지식을 말하기 시작했다. 아커프는 그녀의 이야기를 열심히 들었다. 즐겁게 이야기하던 여주인은 지갑을 열면서 아커프에게 말했다.

"이제껏 제 난초에 이렇게 관심을 가진 사람은 없었어요. 종종 와서 같이 얘기할 수 있으면 좋겠네요."

아커프는 알로에정을 그녀에게 쥐어 주고 위풍당당하게 그집을 나왔다.

경청을 통해 구매신호를 알아내라

능력 있는 영업사원은 고객의 생각을 빨리 이해하고 그가 무엇을 원하는지 금방 알아챈다. 당신이 부동산을 매매하는 사람이라고 가정해 보자. 고객이 자기 아이를 사립학교에 보내고 싶다고 말하면, 당신은 그 고객이 아이를 주변의 학교에 보낼 생각이 별로 없음을 눈치채야 한다.

또, 고객이 활동적이지 않은 사람이라면 당신은 그에게 아담한 방을 소개해 주는 것이 좋다. 구매에 대한 요구는 당신이 고객과 이야기하는 중에도 얼마든지 알 수 있다. 때때로 사람은 동시에 여러 가지 물건을 구매하고 싶은 욕구를 느낀다. 따라서 조급하게 상대방의 말에 대답할 필요는 없다. 먼저 상대방이 무엇을 원하는지 파악하라.

자신의 이야기에만 집중하다가 고객의 구매신호를 놓치는 것처럼 최악의 상황은 없다. 다시 한 번 강조하지만 고객과 만날 때는 경청하고 또 경청하라. 경청을 통해서 우리는 상대방의 말 속에 있는 구매신호를 들을 수 있다. 고객이 구매 욕구를 느꼈다고 해도 그것은 아직 완전히 결정된 것이 아닐 수 있다. 이럴 때 당신이 그 신호를 재빠르게 알아챈다면 구매 욕구는 실제 구매행위로 이어지게 된다.

고객의 구매신호는 구체적으로 다음과 같다.

"얼마나 할인해 줄 수 있나요?"

"한번 사용해 봐도 될까요?"

"이 컴퓨터는 어떻게 사용하죠?"

"며칠만 사용해 봐도 되나요?"

"우리 남편(집사람)이 좋아할 것 같네요."

"만약 제가 산다고 하면 지금 얼마를 내야 하죠?"

"할부로 구입할 때 어떤 조건이 있나요?"

"이 기종이랑 다른 기종이랑 어떤 차이가 있죠?"

"무슨 말씀인지 알겠네요."

"이 디자인 정말 예쁘네요."

불씨를 가볍게 여기지 마라

타인의 말을 경청할 때 당신이 진지하게 듣고 있다는 것을 그가 알 수 있도록 하라. 솔직히 말해 '진심으로 듣는 것' 보다 '진심으로 듣는 것처럼 보이는 것' 이 더욱 중요하다. 이야기를 듣는 도중 당신이 아주 잠깐 딴 생각을 해도 상대방은 금방 알아차리고 실망해 버린다. 정말 지루한 이야기라 해도 당신은 '집중하고 있는 것처럼' 보여야 한다. 또 이렇게 하다보면 문제의 해결방법을 찾을 수 있다. 만약 말하는 사람이 흥분해 있다면 당신은 조용히 침묵을 지키며 그의 말을 경청하라. 사람들이 좌절하는 원인 중에는 타인이 자신을 이해하지 못하거나 남들이 자신의 얘기를 무시한다고 느끼는 데 있다.

'작은 불씨' 도 큰 불로 번질 가능성이 있다. 기업의 경영자나 관리자들은 더욱 경청의 자세를 갖춰야 한다. 그들이 건성으로 듣는다면 부하직원의 불만은 계속 쌓여 결국 심각한 '화재' 를 불러 올 것이다. 당신에게 내 고민을 하나 털어 놓으면 내 마음은 훨씬 편해진다. 당신은 아무것도 하지 않았지만 단지 내 생각을 알고 있다는 사실만으로도 내 마음이 편해지는 것이다.

자기 자랑을 하느라 다른 사람의 이야기를 흘려듣는 경우가 있다.

경청하는 습관이 몸에 밸수록 타인과의 소통능력은 좋아진다. 생산비나 경영비용을 낮추어 생산효과를 내려는 것은 올바른 방법이 아니다. 당신이 직원들을 최고라고 생각한다는 사실을 알려 주어라. 하지만 그들의 이야기를 경청하지 않으면 누구도 당신의 말을 믿지 않을 것이다. 경청하는 자세는 관리자가 갖는 무형의 자산이다. 따라서 경청하는 방법을 모르면 성공하기 어렵다. 끊임없이 말하는 사람의 즐거움은 말하고 있는 짧은 순간에 한정될 뿐이다. 주변의 우수한 동료가 다른 사람과 대화하는 모습을 유심히 살펴봐라. 분명 그는 이야기를 경청하면서 말할 기회를 상대방에게 넘길 것이다.

가끔 우리를 귀찮게 하는 사람들이 있다. 그들은 하나같이 입을 사용하는 법은 알면서 두 귀를 어떻게 써야 하는지는 모르는 사람들이다. 이런 사람들을 잘 표현한 말이 중국경극인 〈사가빈[4]〉에 나와 있다.

"당신의 사상은 잠자고 있는데, 당신의 입은 계속 일하고 있다."

내 말을 듣고 있나요?

많은 사람들이 상대가 말하는 동안 가만히 듣고만 있는 소극적인 경청을 한다. 하지만 화자(話者)에 대한 존중을 나타내기 위해서는 그의 말을 듣고 있음을 보여 줘야 한다. 또 당신의 동작이나 표정을 통해 당신이 듣고 있는지 아닌지를 상대방에게 알려 줄 수 있다. 경청하고 있음을 나타내는 방법은 아래와 같다.

---

4) 沙家濱 : 혁명을 주제로 한 현대 경극

1. 신체동작

(1) 머리를 끄덕이는 것은 상대방의 말을 제대로 인지하고 있음을 나타낸다.

(2) 즐거운 소식에는 진심이 담긴 미소를 지어라.

(3) 이야기에 몰두하는 표정을 보여라.

(4) 무거운 주제에는 그에 걸맞은 표정을 지어라.

(5) 말하는 이를 마주 보고 있어라.

(6) 적당히 화자(話者)의 편을 들어라.

(7) 시선처리를 확실히 해라.

(8) 평온하고 인내심 있는 표정을 지어라.

우리가 상대방의 말을 듣고 있다고 알려줄 필요가 있을 때에는 위의 8가지 사항을 이용하라.

2. 간단명료한 어휘의 선택

아래의 어휘는 당신이 화자의 말에 집중하고 있음을 보여 준다.

아, 맞아, 그래, 좋아, 와, 아하, 무슨 말인지 알겠어, 물론이지, 정말이야, 잘 됐다……

3. 다시 말하기

화자가 말한 핵심 내용을 다시 한 번 이야기 하는 것이다. 다시 말하기를 통해서 더 많은 정보를 얻을 수 있으며 상대가 말한 것을 명확히 이해하는 데 도움이 된다. "어제 회의는 정말 도움이 많이 됐어."라고 누군가 이야기할 때 무슨 말인지 모를 수도 있다. 경청자로서 당신은 "무슨 회의였는데?"라고 반문할 수 있다.

4. 탐구식 질문

"그 보고서 다 끝냈니?" "응, 다 완성했어."

"회의가 몇 시에 시작하지?" "두 시야."

다음은 우리가 질문할 때 자주 사용하는 어휘이다.

왜 그 래 : 너는 왜 고객이 우리 생각에 반대할 거라고 생각해?

알 려 줘 : 이 일과 관련된 더 많은 것들을 알려 줘.

설명해 줘 : 이 문제에 대한 너의 관점을 설명해 봐.

뭔   데 : 어제 회의에서 무슨 일이 있었는데?

어   때 : 이번 판촉에서 실적은 어때?

말 하 다 : 회사의 경영이념에 대해서 말해 주세요.

묘사하다 : 전시회의 구체적인 상황에 대해 알려 주세요.

예를들다 : 무슨 말씀이신지 예를 들어서 설명해 주세요.

경청을 통해서 어떤 성과를 얻고 싶다면 위의 어휘들을 사용해 보라.

당신이 어떻게 생각하는지 알려 주세요

누구나 다른 사람들에게 인정받길 원한다. 한 국가의 통치자나 세계적인 부호, 혹은 길거리의 부랑자나 거지라도 마찬가지다. 타인으로부터 존중받고 싶다면 먼저 그들이 무엇을 말할지 알아야 한다. 되는대로 말해서는 안 되며 상대방의 말에 귀를 기울일 줄 알아야 한다. 당신의 말이 타인의 동의를 얻을 수 있도록 하라.

서양의 유명한 속담이 있다. "침묵은 바보를 천재로 만들 수 있다." 경청은 상대방과 소통하는 데 가장 중요한 요소이다. 상대의 말을 경청하면 이야기의 핵심을 포착하고, 적절한 대답을 해 줄 수 있다. 또, 당신의 직원이나 고객이 어떤 요구사항이 있는지를 알게 된다. 그래서 우수한 관리자는 항상 열려 있는 자세로 직원의 말을 귀담아듣는다. 경청하는 방법은 의외로 간단하다. 구태여 성인이나 현인처럼 대단한 말을 할 필요는 없다. 당신이 할 일은 그저 조용히 들어주면 된다. 그것은 어디에서든 상관없다.

상당수의 경영자들은 자신의 명령을 직원들이 절대적으로 따른다고 생각한다. 그러나 입만 살아서는 삶에 필요한 것을 배우기 힘들다. 관리자로 성공하고 싶다면 자기 부하직원이 무엇을 원하는지 알아야 한다. 또한 부하직원의 말을 들을 때 경영자는 진심을 기울여야 한다. 그로써 소통의 효과는 배가된다. 왜냐하면 당신이 '동의'라는 가장 큰 선물을 주었기 때문이다. "여태까지 우리는 이렇게 해 왔어."라는 말은 절대로 사용해선 안 된다. 이 말은 간단해 보이지만, 듣는 상대는 어떤 발전도 기대할 수 없게 느낀다. 오히려 역효과를 낼 뿐이다. 직원들의 업무 효과를 높이고 싶다면 이 말을 절대 해서는 안 된다.

상대방의 고민을 상담해 줘야 한다면 먼저 "지금 무슨 생각을 하고 있는지 말해 봐요."라고 말하라. 그리고 계속 경청하라. 경청하는 동안 당신은 크게 세 가지 정도의 상황을 만날 수 있다.

상황 1. 그가 말하고자 하는 것을 당신은 이미 알고 있다. 이런 경우에는 힘 있는 목소리로 상대방의 생각에 지지와 격려를 전하라.

상황 2. 그는 당신이 단 한 번도 생각하지 못한 일을 고백한다. 아무리 대단한 사람일지라도 자신만의 생각이 늘 옳을 수는 없다. 성공하고 싶다면 상대방의 말을 귀담아들어라.

상황 3. 당신이 생각하기에 그의 생각은 근본부터 잘못되어 있다. 이럴 경우에는 그의 잘못된 생각을 적절하게 짚어 줘라. 다른 사람의 생각을 경청하면 당신은 아주 힘 있는 지원자를 만들 수 있다.

Fedex는 창립 초기에 인원변동 문제에 직면했다. Fedex의 전산센터에 문제가 생겨 인원감축과 인사이동이 필요했다. 그 당시 인력의 유동비율은 50%에 육박했고 그것은 정상적인 게 아니었다. 새로운 직원을 업무에 투입하기 위해서는 엄청난 비용소모가 있기 때문이다.

인사를 관리하던 해리 카이나는 창립자 중 한 사람인 프랜시스 마이클에게 물었다.

"프랜시스, 내가 뭘 할까요?"

해리를 바라보던 프랜시스가 웃으면서 대답했다.

"나도 잘 모르겠는데 당신이 어떤 생각을 하고 있는지 말해 주겠소?"

몇 마디를 나눈 뒤, 해리는 시간이 필요하다고 말했다. 일주일이 지난 후 해리는 프랜시스를 찾아갔다.

"프랜시스, 방법을 찾았어요. 하지만 내가 원하는 것을 제공해 주겠다고 약속해 주세요."

프랜시스 마이클은 당시에 이사 겸 CEO였던 프레데릭 스미스(Fredrick W. Smith)와 수석재무관인 피터 윌머츠(Peter Wilmots)를 참석시켜 회의를 진행했다. 해리는 그들에게 내부적으로 조사한 직원들의 말을 전했다. 그리고 자신이 관찰한 직원들의 일을 설명했다. 해리는 배달센터의 근무시간이 매우 짧고 업무는 수거, 발송, 운송으로 한정되어 있다고 말했다. 그래서 센터 직원들은 파트타임으로 하루 4시간을 근무하고 전부 야근을 한다고 했다.

"이 일은 전문직이 아니어서 직원들은 복지 혜택을 받지 못하고 있습니다. 대부분의 직원이 현재 학생이며 이 회사의 직원이라는 생각을 완전히 인지하지 못하고 있습니다. 그들은 언제든지 해고될 수 있다는 불안감에 시달리고 있죠. 게다가 시험 때에는 출근을 하지 못합니다. 대다수의 직원이 대학생이기에 그들의 문제는 우리 회사에 중대한 영향을 미치고 있습니다.”

해리의 말에 수석 재무관 피터가 물었다.

“그렇다면 어떤 해결 방안이 있소?”

“그들에게 의료보장을 해 줘야 한다고 생각합니다.”

해리가 말했다.

“해리, 그것이 우리 회사에 얼마나 큰 경제적 손실을 끼치는지 알고 있소? 그렇게 할 수는 없소. 회사의 부담이 가중될 거요. 여태껏 전일제 근무가 아닌 직원에게 의료보장을 해 준 적이 없소.”

해리가 물었다.

“현재 배달센터 직원들의 연령대가 어떤지 알고 계십니까?”

“그게 지금 이 일과 무슨 관련이 있소?”

피터는 이해할 수가 없었다. 그 말에 해리는 기다렸다는 듯이 말했다.

“당연히 관련이 있죠. 배달센터 직원의 연령은 18세에서 23세가량입니다. 피터, 이제까지 큰 질병을 앓아 본 적이 있습니까?”

순간 정적이 흐른 뒤, 마침내 이사장이 입가에 미소를 지으며 말했다.

“피터, 해리의 말이 맞소. 젊을 때는 돌을 씹어도 소화시킨다지 않습니까? 배달센터의 직원들은 연령대가 낮기 때문에 병에 걸릴 확률이 매우 적죠. 그래서 우리가 의료 보장제를 시행해도 그다지 큰 손실을 걱정할 필요가 없습니다.”

결국 회의에서 구성원 모두가 일치된 결론을 얻었다. 회의 후 Fedex는 파트타임 직원들에 전일 근무 직원들과 동일한 의료보장을

실시했다. 이로 인해서 Fedex의 인력 유동은 50%에서 7%까지 내려
갔고 소송율은 최저를 기록했다. 또한 직원들의 사기가 올라 업무능
률이 대폭 증가했다. 더 놀라운 것은 수많은 대학생이 졸업 후 Fedex
에 들어가길 희망한다는 것이었다. 현재 Fedex의 많은 관리자들은
그 당시 배달을 했던 파트타임 직원들이다. 그들은 Fedex의 가치관
과 발전상을 몸소 경험한 것이다. Fedex는 이 전통을 오늘날까지 이
어 오고 있다. 전통을 탄생하게 한 것은 한 마디의 말이었다.

"어떤 생각을 갖고 있는지 말해 줄 수 있나요?"

제발 좀 조용히 하세요!

왜 우리가 듣는 것에 차이가 있을까

경청하는 법을 배운 적 있는가? 학교에서 그런 수업을 받아 본 적
은 없을 것이다. 경청하는 기술은 성공을 위해 꼭 필요하다. 영업의
성공과 실패는 경청에 달려 있다고 해도 과언이 아니다. 그럼에도 불
구하고 경청은 많은 영업사원들의 가장 취약한 부분이기도 하다.

음악을 듣고, 텔레비전을 보고, 영화를 감상할 때 우리는 자신도 모
르게 그 내용을 외우게 된다. 유행가도 몇 번 듣다 보면 자연히 흥얼
거리게 된다. 그런데 가족이나 친구가 하는 말은 제대로 듣지 못해 다
시 물어 보는 경우가 있다. 당신은 타인에게 되묻는 경우가 많은가?
영어 회화시험을 칠 때는 귀를 쫑긋 세워 집중하면서 왜 타인의 이야

기는 흘려버리기 일쑤인가? 당신이 이와 같은 경우라면 다음을 살펴보고 문제점을 찾아보자.

당신은 지금 경청을 방해하는 중대한 장애를 앓고 있다. 병의 원인은,
1. 상대의 말을 경청하기 전에 자신이 하려는 말을 이미 정했다.
2. 듣기도 전에 어떻게 할지 결정이 내려졌다.

다음의 내용에 혹시 당신이 해당되지는 않는가?
1. 뭐든지 아는 척 하는 사람은 남의 말을 경청하려 들지 않는다.
2. 남의 말을 잘 끊는 사람은 경청하고 있는 게 아니다.

과거에 당신은 타인의 이야기를 들을 때 다음과 같은 행동을 하지 않았는가?
1. 상대방이 이야기할 때 딴짓을 한다.
2. 상대방이 말하고 있는 동안 다른 곳에 정신을 쏟는다.
3. 듣는 척만 하고 시도 때도 없이 끼여들어 말한다.
4. 대답하기 편하게 상대방의 이야기를 들으면서 허점을 찾아내려고 한다. 이것은 이미 당신의 답이 나와 있기 때문이다.

이미 대답이 준비되면 당신은 더 이상 들으려고 하지 않는다. 만약 이야기를 듣는 게 지겹고 원치 않는 말을 들어야 한다면 상대가 이야기 하는 도중에 말할 수도 있다. 그러나 바꿔 생각해 보자. 당신이 말하는데 상대방이 지루해 한다면 당신은 분명 무시당한다고 느낄 것이다. 당신이 느끼는 감정은 상대방도 똑같이 느낄 수 있는 것이다.

가장 적절한 방법은 '입을 다무는' 것이다

성공하고 싶다면 '건성으로 듣는' 나쁜 습관을 버려라. 듣고 싶지

않다고 해서 흘려버려서는 안 된다. 그러면 어떻게 해야 할까? 좋은 청중(聽衆)이 되려면 다음과 같은 법칙을 지켜라.

1. 이해하는 마음으로 들어라.
2. 호응하는 마음으로 들어라.

그 무엇보다 중요한 것은 입을 다물고 있는 것이다. 입만 다물고 있어도 많은 것을 배우고 얻을 수 있다. 신기하지 않은가?

우애를 돈독히 하고 싶다면, 성공의 기회를 잡고 싶다면, 행복한 삶을 영위하고 싶다면 입을 다물고 경청하라.

듣기의 고수가 되어라

옷을 산 사람이 세탁을 했더니 변색이 된다며 교환을 요구했다. 이로 인해 손님과 점원사이에 말다툼이 일어났다. 이를 지켜보던 사장이 그들에게 다가왔다. 경험이 풍부하고 고객의 심리를 잘 알고 있는 사장은 곧 두 사람을 진정시켰다. 어떻게 가능했을까?

사장은 고객에게 다가가 정중한 태도로 불만사항을 접수했다. 그러고 나서 다시 점원의 이야기를 들었다. 이렇게 상황을 파악한 사장은 고객에게 정중히 사과했다.

"정말 죄송합니다. 이 옷이 변색된다는 사실을 몰랐습니다. 일주일 정도 입어 보신 후에도 마음에 변화가 없다면 원하시는 대로 처리해 드리겠습니다. 결정은 그 이후에 하셔도 늦지 않을 것 같은데 고객님의 생각은 어떻습니까?"

그 사장은 이렇게 제안을 했고 그 말을 들은 고객은 정중한 사과의 말과 합리적인 해결방식에 만족해 했다. 어떻게 해야 듣기의 고수가 될 수 있을까? 위의 사례는 우리에게 그 방법을 보여 준다. 폭발 직전의 고객과 직원을 진정시킬 수 있었던 이유는 사장이 진심으로 상대의 이야기를 들어주었기 때문이다. 보이지 않지만 경청은 상대방을 격려하는 작용을 한다. 또한 경청은 상대방에 대한 존중을 드러낸다. 인내심을 가지고 이야기를 듣는 것은 "당신의 이야기는 가치 있어요.", "당신과 친구가 되고 싶어요."라는 말과 같다. 화자는 당신에게 만족스러워 할 것이고 당신과 화자와의 거리는 더욱 가까워질 것이다. 그래서 열심히 듣는 것은 '경청의 프로'가 되기 위해 가장 먼저 갖춰야 할 조건이다. 듣기의 고수에게는 또 하나의 특징이 있다. 그것은 이야기를 들을 때 예의 바르게 진심을 다해 듣는 것이다. 또렷한 시선과 표정, 그리고 적절한 몸짓으로 상대의 이야기에 호응하라. 귀찮은 듯한 표정을 짓거나 시선을 이리저리 돌려서도 안 된다. 또한 함부로 상대방의 말을 막거나 결론을 내려서도 안 된다.

듣는 방법을 배우기 위한 몇 가지 훈련법을 소개한다.

1. 경청할 때 주의를 집중하는 훈련을 하라. 제대로 들으려면 정신을 집중해야 한다. 동시에 라디오 두 대 이상을 틀어 놓고 서로 다른 내용의 방송을 들어라. 그런 다음 그 내용을 말해 보라.

2. 이해력을 키워라. 친구와 이야기 할 때 의식적으로 이해력을 단련 시켜라.

3. 기억력 훈련을 하라. 요점을 파악하는 법을 배울 수 있다. 핵심적 인 단어, 중요한 사실과 근거를 기억하라.

4. 분석력 훈련을 하라. 중심이 되는 내용과 그 논리를 분석하고 평가 하라.

5. 순발력 훈련을 하라. 여러 장소에서 각계 각층의 사람들과 이야기 할 수 있어야 한다.

 말을 잘하는 사람은 경청할 줄 아는 사람이다.

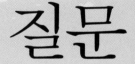

CHAPTER . 3

인간이 숨쉬지 않고 살아갈 수 없는 것처럼, 영업을 할 때 질문은 호흡과도 같다. 아무런 질문도 하지 않는다면 당신의 영업은 이미 실패

한 것이다. 또, 질문이 적절치 못하면 그 계약은 물 건너갔다고 봐야 할 것이다. 이와 반대로 적절한 시기에 알맞은 질문을 던진다면 성공

할 수 있다. 이러한 결론은 우리의 삶 전반에 적용된다

어째서 "왜"라는 질문을 하는가?

실적이 변변찮은 영업사원이 있었다. 하지만 그는 각고의 노력 끝에 세계 최고의 영업귀재가 되었다. 그에게 한 수 배우기를 청했다.

"인간관계를 어떻게 만들었나요?"

"고객의 요구를 어떻게 판단했나요?"

"어떻게 고객의 신뢰를 얻었나요?"

그는 미소를 지으며 대답했다.

"질문을 했기 때문입니다."

질문과 대답의 기술은 성공의 관건이다.

질문이 없으면 답도 없다.

답이 없는데 어떻게 판매를 하는가?

판매가 안 되면 수입이 있을 수 있는가?

아직도 궁금한 것이 남아 있는가?

의사소통의 가장 유용한 무기

　많은 것을 얻고 싶다면 많이 듣고 적게 말하라. 말이 많을수록 당신의 수확은 적어진다. 의사소통을 할 때 상대방이 말을 많이 할수록 그에 대해 더 잘 알게 된다. 이것이 바로 지피지기 백전백승(知彼知己, 百戰百勝)이다. 기회가 왔을 때 당신이 먼저 상대방을 파악하는 것은 유리한 고지를 선점하는 것과 다름없다. 그렇다면 어떻게 상대방의 이야기를 더 많이 끌어낼 수 있을까? 비결은 바로 '질문'이다. 질문은 소통하는 데 가장 예리한 무기다.

　영업을 할 때 당신이 아무리 말을 많이 해도 실제 고객이 기억하는 양은 극히 일부에 지나지 않는다. 하지만 당신이 계속 질문을 한다면 고객은 다른 생각을 할 겨를이 없다. 또 질문을 할 때 당신의 모든 관심사는 그 고객에게 쏠려 있음을 나타낸다. 결국 타인을 설득하는 과정에서 큰 효과를 발휘하는 것은 '말'이 아니라 '질문'이다.

　경험이 풍부한 영업사원들은 질문이 중요한 무기임을 잘 알고 있다. 질문이 많을수록 고객의 말은 많아진다. 그의 입에서 나오는 정보가 많을수록 당신의 성공 기회는 커진다.

소송을 승리로 이끈 링컨의 질문

　변호사 시절의 에이브러햄 링컨(Abraham Lincoln)은 '절묘한 질문' 덕에 소송을 승리로 이끌 수 있었다.

어느 날 머리가 희끗한 부인이 링컨을 찾아왔다. 그녀는 독립전쟁 때 남편을 잃었다. 그래서 매달 국가에서 주는 보조금으로 생활을 연명하고 있었다. 얼마 전 그녀는 보조금을 받으러 갔었는데 출납원이 수속비를 납부하지 않으면 돈을 주지 않겠다고 말했다. 하지만 그 수속비용은 보조금의 절반이나 되어 강탈이나 다름없었다.

이 사건에 대한 심리가 진행되었다. 피고는 사실을 부인했다. 교활한 출납원은 구두로만 수속비용을 요구했기에 아무런 증거가 없다는 점을 이용했다. 상황은 점점 링컨 측에 불리하게 돌아갔다. 링컨에게 변론의 기회가 주어지자 수백 개의 시선은 링컨이 어떻게 이 난관을 극복하는지 주목했다. 링컨은 먼저 미국 독립전쟁의 기억을 떠올려주었다. 그는 애국지사들이 어떻게 추위와 배고픔을 이겨내며 전투에 임했는지 절절한 표정으로 열변을 토했다. 마지막에 그는 '질문의 방식'을 이용한 최후 변론을 했다.

"오늘날 이 모든 사실은 옛일이 되어 버렸습니다. 1776년의 영웅은 이미 지하에 잠들어 있으며, 늙고 가련한 그의 미망인은 아직 우리 곁에 있습니다. 저는 지금 불평등한 대우를 받고 있는 그녀를 대신해 소송에 임합니다. 모든 것을 희생한 그녀에게 남은 것은 가난과 고독뿐입니다. 이 부인은 지금 선열들의 피로 얻어낸 자유를 누리는 우리에게 도움을 청하고 있습니다. 배심원 여러분, 이대로 앉아서 지켜만 보실 겁니까?"

링컨의 최후 변론이 끝나자 좌중은 술렁거렸고 눈시울이 뜨거워지며 눈물을 흘리는 사람도 있었다. 결국 판사는 링컨이 변호한 원고 측의 손을 들어 주었다.

1966년 시월의 어느 날, 핵 분야의 내로라하는 과학자들이 회의에 참석했다. 회의는 저우언라이(周恩來) 총리가 진행했다. 회의 기조연설에서 저우언라이는 이렇게 말했다.

"중국은 원자력 실험에 성공했습니다. 이젠 누구도 우리를 공격할 엄두조차 내지 못할 것입니다. 오늘 각계의 최고 권위자를 모신 이유는 총과 탄알을 결합시키기 위해서입니다."

이어서 저우언라이와 과학자들은 치열한 토론을 벌였다. 저우언라이 총리는 "모주석(毛主席)이 우리의 방안에 동의했습니다. 또한 '엄숙하고 진지하게, 빈틈없고 세밀하게, 안정적으로 믿을 수 있게, 한 치의 오차도 없이' 진행해 달라고 부탁했습니다."라고 말했다. 총리의 말을 들은 과학자들은 어깨가 무거워졌다. 저우언라이는 과학자들의 마음을 금세 알아차리고는 이렇게 말했다.

"한 치의 오차도 없다는 말이 무엇을 뜻합니까? 발생한 모든 문제를 하나도 남김없이 해결하는 것을 말합니다. 설령 사전에 문제를 발견하지 못해서 실패했더라도 그것은 더 큰 성공을 위한 밑거름이 될 것입니다. 여러분은 최선을 다하면 됩니다. 모든 책임은 저와 지도계층이 지겠습니다."

그의 말이 끝나자 과학자들의 마음은 홀가분해졌다. 저우언라이의 말이 "한 치의 오차도 없이"라는 부담감의 근원을 해소해 주었기 때문이다. 일상생활에서도 우리는 질문을 통해서 의문을 해결하고 문제의 해결방안을 찾을 수 있다.

마음의 문을 여는 황금열쇠

세계적인 거물이 되고 싶은가? 크게 성공하려면 힘 있는 사람의 도움이 필요하다. 그런데 이런 사람을 찾기란 그리 쉬운 일이 아니다. 따라서 거물의 도움을 얻기 위해서는 적절한 계기가 있어야 한다.

대단한 인물은 마치 보물 창고와 같아서 그의 마음을 열 수 있는 열쇠가 필요하다. 그 황금의 열쇠가 바로 '질문'이다. 만약 거물을 만났다면 이 열쇠를 잘 사용해라. 대단한 인물과 대화할 때 99.9%의 시간은 그에게 자문을 구하는 데 쏟아라. 당신 혼자서 떠드느니 차라리 아무 말도 하지 마라. 그런 대단한 사람들은 당신의 생활에 아무 관심이 없다. 만약 그가 당신에게 관심을 보인다면 '질문'이라는 열쇠를 사용할 필요가 없다.

첫만남에서는 당신에 대한 인상을 남겨주기만 하라. 그가 당신을 믿고 인정하면 두 사람의 관계도 시작될 것이다. 그 거물은 윈윈(Win-Win)전략을 누구보다 잘 알고 있기 때문이다. 상대방이 대답하기 편하도록 질문은 정확하게 하되 단답형을 피하라.

즉, "예"나 "아니오"로 끝나는 질문을 하지 말라는 것이다.

아래에 나온 10가지 질문의 예를 참고하라.

1. "당신은 어떻게 사업을 시작했습니까?"

자신의 성공담을 밝히기 싫어하는 사람은 없다. 그의 성공 스토리를 함께 나눠라. 이게 바로 주동적인 경청이다.

2. "사업 중에서 당신이 가장 좋아하는 것은 어떤 부분입니까?"

이 질문은 긍정적인 느낌을 주기 때문에 호응을 얻을 가능성이 크다.

3. "경쟁 업체와의 차이점은 무엇입니까?"

이것은 '자화자찬형' 질문이다. 성공한 사람들 대부분은 겸손한 자세가 몸에 배어 있다. 하지만 이 질문으로 거물이 자신의 업적과 성과를 내세울 수 있게 기회를 제공해 준다.

4. "최근 그 업계에 어떤 변화가 일어나고 있습니까?"

경험이 많은 사람들은 이러한 질문에 대답하기를 즐겨한다. 자신의 거취가 중요함을 나타내기 때문이다.

5. "업계의 변화에 대해서 어떤 견해를 갖고 있습니까?"

이 질문은 상대방을 그 분야의 전문가로 인정한다는 것이다. 한 분야에서 일정한 성공을 거둔 사람은 자신의 경험담을 남에게 이야기하기를 좋아한다.

6. "이제 막 업계에 입문한 이들에게 해 주실 조언이 있습니까?"

이 질문은 상대방이 가르침을 줄 수 있는 기회를 주고, 또 존중을 나타낸다.

7. 지금까지 가장 기억에 남는 일이 있다면 설명해 주시겠습니까?

사람들은 자신의 무용담을 말하고 싶어 한다. 내색은 하지 않아도 그는 속으로 무척 기뻐하고 있을 것이다.

8. "성공하기 위해서는 어떤 방법이 가장 효과적인가요?"

성공한 사람들에게는 그들 나름의 비결이 있다. 그들이 교훈을 전달할 수 있는 기회가 그리 많지 않은데, 당신은 지금 그가 매우 좋아하는 화제를 던진 것이다.

9. "단 한 번의 실패도 없었다면 지금 어떤 인생을 살고 있을까요?"

이 질문은 상대에 대한 당신의 관심을 나타낸다.

이 질문들을 잘 이용해 보라. 그렇다면 당신은 거물의 입을 열게 될 것이다. 되도록 성공한 사람들이 좋아할 만한 질문을 하라. 하지만 절대 기자나 평론가처럼 질문해서는 안 된다. 거물이 불쾌하지 않도록 하는 것이 관건이다. 위의 질문의 효과는 이미 증명되었다. 이제 당신이 그 질문을 자신의 것으로 만들면 된다. 다시 한 번 강조하지만 당신의 이야기를 하는 데 집중하지 말고 상대의 이야기를 경청하라. 그리고 상대방이 하고 싶은 이야기에 관해서 물어 보라.

5초 안에 상대방의 관심을 끌어라

이번에도 영업 분야의 이야기를 소개하겠다. 우수한 영업사원은 달변가이기 때문이다. 고객의 신뢰는 영업사원에게 계약의 성패를 좌우한다. 승리자는 방법을 찾고 실패자는 변명을 찾는다. 어떤 사람은 타인과 친해지는 것이 어렵다고 생각한다. 그렇다면 '5초 접근법'을 활용하라.

한 자동판매기 제조회사의 영업사원은 근무시간에 약 1미터 길이의 보드지를 들고 다녔다. 그 위에는 "이 종이만한 땅에서 매년 300달러의 수입을 거둬들이는 방법을 소개해 드리겠습니다."라고 적혀 있었다. 이 흥미로운 문구에 호기심이 난 고객들은 점차 그 회사의 자동판매기를 구매하기 시작했고 곧 제조회사는 높은 시장점유율을 기록하게 되었다. 우수한 영업사원은 달변가일 뿐만 아니라 어떻게 하면 고객의 관심을 끌지 늘 고민한다. 반면에 평범한 사원은 상품 선전밖에 할 줄 모른다. 상대방의 관심을 끌어내려면 이야기를 시작하는 데도 기술이 필요하다. 이때는 '연발탄식' 질문법을 사용하라. 이는 하나의 질문이 꼬리를 물고 다음 질문을 이끌어내 상대방이 회피할 수 없게 만드는 방법이다.

브라이언 트레이시는 이러한 방법을 자주 사용했다. 그는 잠재고객을 만날 때 서두르지 않고 3가지 질문을 던진다.

"제가 고객님 마음에 쏙 드는 책을 선물하면 읽어보시겠습니까?"

"책을 읽어 보신 후에 마음에 드신다면 구매하시겠습니까?"

"책을 읽어보신 후 재미가 없다면 이 책을 제게 보내 주실 수 있습니까?"

브라이언이 이 기술을 썼을 때 실패한 적은 거의 없었다. 지금 이 방법은 도서 영업계의 신참을 교육하는 필수 교본이 되었다. 경험이 풍부한 사람들은 인간관계에서 이성보다 감정이 중요함을 잘 알고 있다. 많은 사람들이 호기심으로 충동구매를 하는 경우가 허다하기 때문이다. 그 호기심을 이용하면 타인과 빨리 가까워질 수 있다. 따라서 상대방의 호기심을 자극할 때에는 당신의 업무나 목적과 관련 있는 방향으로 끌고 가라.

한 의류업체의 영업사원은 납품을 하기 위해 백화점 사장을 만나야 했다. 그녀는 천신만고 끝에 사장을 만날 수 있었다. 그러나 그녀는 사장에게 일언지하에 거절당했다. 이미 백화점에는 기존의 납품업체가 있어서 굳이 새로운 거래처를 만들 필요가 없기 때문이었다. 고심하던 끝에 영업사원은 칠전팔기의 심정으로 다시 한 번 사장을 만났다.

"제게 10분만 시간을 주십시오."

영업사원의 배짱에 호기심이 생긴 사장은 그녀를 사무실로 데려갔다. 그녀는 사장에게 새로 나온 넥타이를 보여 주며 가격을 정해 보라고 말했다. 유심히 살펴보던 사장은 진지하게 고민한 뒤에 대답을 했다. 이 말을 들은 영업사원도 자신의 의견을 말했다. 이렇게 두 사람은 서로의 의견을 교환하기 시작했다. 대화가 끝난 후 마음을 비운 그녀가 사무실을 나가려는데 사장이 그녀를 불러 세웠다. 그리고 넥타이를 다시 보여 달라고 말했다. 이렇게 해서 그 영업사원은 백화점과 대량의 의류 납품계약서를 체결하게 되었다.

가르침을 청했을 때 거절할 사람은 없다

당신의 상품이 아무리 좋고 서비스가 훌륭해도 시작이 나쁘면 말짱 헛일이다. 이제 '가르침을 청하는 기술'에 대해 알아보자.

당신이 가르침을 청하면 눈 깜짝할 사이에 상대방과의 거리를 좁힐 수 있다. 당신처럼 겸손하고 진실한 사람을 누가 거절할 수 있겠는가. 그 후에 당신의 진짜 의도를 밝히면 예상 외의 결과가 돌아올 것이다.

하라 잇페이는 한 건축회사의 이사인 와타나베(渡邊)선생을 찾아갔다. 와타나베 선생은 만나자마자 돌아가라는 말부터 했다. 하지만 하라 잇페이는 포기하지 않고 "선생님, 어떻게 이런 성공을 거두셨는지 알려주시겠습니까?" 하고 물었다. 하라 잇페이의 표정은 몹시 진지해 보였다. 이를 본 와타나베 선생은 차마 거절하지 못하고 자신의 경험을 들려 주었다. 하라 잇페이는 시종일관 진지하게 듣다가 적절한 시기에 질문을 던져 가르침을 구했다. 그리고 자신도 사업계획서를 한 번 만들어 보고 싶다고 말했다. 와타나베 선생과 이야기하는 동안 하라 잇페이는 보험에 관한 말을 일절 하지 않았다.

하라 잇페이는 꼬박 삼일 밤낮을 준비해서 건축회사계획서를 만들어냈다. 이 내용을 본 와타나베 선생은 깜짝 놀랐다. 하라 잇페이가 준비한 계획서의 내용이 너무나 훌륭했던 것이다. 그는 자신의 회사 상황에 맞게 정리해서 계획서의 내용을 실행에 옮겼다. 3개월이 지나자 업무능률은 눈에 띄게 신장했으며 하라 잇페이는 그의 절친한 친구가 되어 있었다. 물론 와타나베 선생은 그의 보험에 가입했으며 자기 회사의 모든 보험실태도 하라 잇페이에게 맡겼다.

고삐를 잡아라

행복한 삶이란 무엇일까? 이는 바로 당신이 바라는 삶이다. 즐거운 대화는 어떤 것일까? 그야 물론 당신이 주도적으로 이끌어 가는 대화일 것이다. 사람들은 자주적으로 일처리를 하고 싶어 한다. 하지만 대화를 당신의 뜻대로 끌어 가는 것은 쉬운 일이 아니다. 고삐가 없으면 소를 몰기 어렵다. 따라서 당신이 원하는 대로 대화를 이끌어 가고 싶다면 대화의 고삐를 잘 잡아야 한다. 그러면 다음의 대화 속에서 그 '고삐' 를 찾아 보자.

초등학교 3학년인 샤오밍은 집에 오자마자 성질을 부렸다.

"엄마, 그 음악 선생님은 너무 바보 같아!"

"무슨 일이 있었니?"

"날더러 애들 앞에서 노래를 하라잖아. 재수 없게 나랑 또 한 명이 걸렸어. 그런데 애들이 우리를 비웃는데 신경도 안 쓰는 거야."

"뭐, 선생님이 무슨 노래를 시켰는데?"

"몰라. 아무튼 무슨 찬가같은 거였어."

"그래, 그런 분야는 우리 아들이 좀 약하지. 그래서 기분이 나빴구나."

"그 과목은 낙제할 것 같아."

"샤오밍, 엄마는 네가 이렇게 화내는 걸 본 적이 없어. 무슨 일인지 자세히 말해 보렴."

"음악 선생님이 교실 앞에 나와서 노래를 하라고 하면서 바로 옆에서 피아노를 치는 거야. 나는 노래가사도 모르는데. 친구들은 옆에서 웃는데, 차라리 크게 웃는 게 낫지. 소리 없이 비웃었다고!"

"선생님이 너랑 또 한 명만 노래를 시켜서 화가 났구나?"

"맞아."

"그럼 선생님이 널 선택한 것에 대해 왜 화가 났니?"

"그야 매일 날 놀리니까 그렇지. 선생님은 바보야!"

말을 끝낸 아이는 먹을 것을 찾기 시작했다. 방금 전까지 크게 화난 사람이라고 믿기 힘들 정도로 밝아진 모습이었다.

샤오밍의 엄마가 쥐고 있던 고삐가 무엇인지 아는가? 그것은 바로 적극적인 경청의 자세이다. 상대방과 눈높이를 맞추고 대화를 들어주었기 때문에 진짜 원인을 찾아 낼 수 있었다. 이런 경우에는 섣불리 당신의 판단을 말하지 마라. 옳고 그름을 따지는 당신의 말은 불난 집에 기름을 붓는 격이다.

적극적인 인도는 두 가지만 지키면 된다.

(1) 상대방의 이야기를 진심으로 이해하고 그와 눈높이를 맞춰라.

(2) 적절하게 질문하라.

샤오밍의 엄마는 아들의 기분을 풀어주기 위해서 화제를 끌어내며 질문을 던지고 맞장구를 쳤다. 이로 인해 아들의 화는 봄눈 녹듯 사라졌고 엄마는 자신이 원하는 방향으로 아이를 인도할 수 있었다.

반문하라

고슴도치를 돌려 줘라

누군가 당신에게 고슴도치를 주며 들어 보라고 한다면 어떻게 할 것인가? 가장 좋은 방법은 고슴도치를 상대방에게 돌려 주고 그가 어떻게 드는지 보는 것이다.

고객을 만날 때 당신만 질문을 하는 것이 아니라 고객도 당신에게 질문을 던질 수 있다. 그럼 어떻게 할까? 먼저 예상 질문을 생각하라. 당신이 상대방을 이해하는 데 도움이 될 것이다. 하지만 고객이 질문한 동기를 완전히 파악하기 전에는 직접적인 대답을 하지 마라.

다음에 나온 반문의 기술을 익혀라.

1. **고객** 그 회사의 핸드폰은 모두 컬러액정인가요?
   반문 고객님은 컬러액정이 있는 핸드폰을 원하십니까?
2. **고객** 다른 색 립스틱은 없나요?
   반문 고객님은 어떤 색상을 원하십니까?

고객에게 질문을 되돌려 주는 이유는 질문의 요지를 파악하기 위해서이다. 만약 당신이 컬러액정이 어떻고 립스틱 색이 어떻다며 떠든다면 고객이 원하는 것이 무엇인지 알기 어렵다. 그러므로 질문의 정확한 핵심을 알기 전에는 떠들지 마라. 왜냐하면 고객은 또 다시 이렇게 말할 수도 있다. "난 누드베이지는 싫어요. 핑크색이나 붉은색 계통이 잘 어울리는 것 같아요." 이렇게 되면 당신이 한 말은 휴지조

각이 되고 만다.

"이 전화기는 발신자 표시가 되나요?

설령 이런 제품이 아직 출시되지 않았다고 지레 걱정하지 마라. 당신은 그저 "발신자 표시가 필요하신가요?"라는 질문을 돌려주면 된다. 이렇게 하면 아마도 고객은 그냥 물어 본 것이라고 대답할 것이다.

이처럼 고객이 어떤 요구를 할 경우에 반문을 적절히 이용하면 당신에게 도움이 될 것이다.

반문을 통해서 대화의 주도권을 잡다

고객의 문제제기는 당연하다. 아래의 상황은 고객이 이의를 제기하는 경우이다. 이때 고객은 고슴도치 같아서 상대하기 어려울 수 있다. 이번에도 역시 반문을 통해서 고객이 무엇을 원하는지 알아내자.

1. 고객   이거 가짜 아닌가요?
   반문   어떤 부분이 가짜 같은지 말씀해 주시겠습니까?
2. 고객   이 옷 별로인 것 같아요.
   반문   어느 부분이 맘에 안 드시는지 말씀해 주시겠습니까?
3. 고객   이거 너무 비싸요.
   반문   고객님께서는 얼마가 적당하다고 생각하시나요?
4. 고객   물건은 좋은데……
   반문   제품이 좋은데 구매하고 싶지 않은 이유를 여쭤 봐도 될까요?

이는 대부분의 영업사원에게 익숙한 상황이다. 적절한 질문을 통해서 '고슴도치'를 고객에게 돌려주면 상대방이 무엇을 생각하는지 알 수 있다. 반문을 통해서 고객의 숨겨진 진심을 파악하라.

로버트 수커(Robert Suker)는 보험 판매왕이다. 그가 '반문'을 이용하는 모습을 살펴보자.

고 객 : 이 계획은 괜찮아 보이네요. 명함을 주시면 제가 연락드릴게요.

로버트 : 인정해 주셔서 감사합니다. 외람되지만 결정을 늦추시는 이유를 여쭤 봐도 될까요?

고 객 : 결정하기 전에 한 번 더 심사숙고해야 할 것 같아서요.

로버트 : 당연한 말씀이지만 무례를 무릅쓰고 다시 여쭤보겠습니다. 매번 이렇게 신중하게 고민을 하시나요?

고 객 : 10년 전에 방풍창호를 구매한 적이 있어요. 별 생각 없이 계약을 했는데 그게 여태까지 속을 썩이네요. 만약 그때 신중하게 고민했다면 그런 문제는 없었겠죠.

로버트 : 고객님 심정은 충분히 이해합니다. 그럼 십년 전 기억 때문에 오늘날 이렇게 좋은 계획을 시행하지 못하는 이유는 무엇인가요?

고 객 : 그때의 실수를 통해서 제가 신중해졌거든요. 서두르지 않으면 일을 그르칠 걱정도 없죠.

로버트 : 무슨 말씀인지 알겠군요. 그 이유를 제외하고 결정을 미루시는 또 다른 이유가 있습니까?

고 객 : 없어요.

당신은 고객이 결정을 내리지 않는 이유를 알았는가? 로버트는 알아냈고 결국 계약서를 받았다.

핵심을 찾아야 상대를 주도한다

고객을 만날 때 고삐를 잡히지 않도록 주의하라. 당신이 핵심을 찾아내어 반문하면 된다. 이 핵심어는 고객이 말하는 중에 명백히 드러나며, 당신은 다음의 질문을 이용해서 반문을 하면 상황은 종료된다.

고　객 : 며칠 후에 전화 드릴게요.

로버트 : 왜 며칠 후에 전화하는지 여쭤 봐도 될까요?

고　객 : 좀 더 생각해 보려고요.

로버트 : 생각할 시간이 더 필요한 이유를 여쭤 봐도 되나요?

고　객 : 결정하기 전에 심사숙고 하는 게 습관이거든요.

로버트 : 어째서 항상 고민을 많이 하시나요?

고　객 : 왜냐하면……

이렇게 핵심어를 찾는 비결이 바로 반문이다.

다섯 가지 질문으로 승부를 걸어라

《영업성공의 수수께끼》의 저자 레이 리욘(ray lyonne)은 영업계에서 최고로 손꼽히는 질문의 대가이다. 그에게 동료직원이 물었다.

"5개의 질문으로 판매를 성사시킬 수 있나?"

영업을 할 때 질문은 자연히 생겨나게 마련이다. 질문으로 고객의 문제점을 파악할 수 있으면 영업방법은 매우 간단해진다. 질문할 때에는 고객이 원하는 요구사항을 모두 끌어내야 한다. 고객이 요구하는 바를 정확히 알고 있다면 물건을 파는 일은 시간문제다.

아래의 질문으로 고객의 요구를 쉽게 파악하라. 그러면 당신은 5가지 질문 이내에 계약을 성사시킬 수 있다. 당신이 노트북을 판매한다고 가정하자. 우선 수첩을 꺼내 고객의 대답을 기록하며 질문하라.

> 질문 1 : 안녕하세요. 고객님께서는 노트북 고르는 법을 아십니까?
>
> (유사질문 : 안녕하세요. 고객님은 어떻게 노트북을 고르시나요?)
>
> 고　객 : 품질이나 가격하고 A/S부분을 고려하는 편이에요.
>
> 질문 2 : 어떤 물건이 품질이 좋다고 생각하시나요?
>
> (유사질문 : "적절한 가격은 얼마라고 생각하십니까?" 혹은 "어떤 부분의 A/S를 바라십니까?")

고객의 질문 중에서 당신이 가장 자신 있는 분야를 선택해 다시 반문하라. 이런 질문을 받아 본 일이 없는 고객은 고민할 것이다.

"제 생각에는 속도가 빠르고 휴대하기 편한 게 품질을 판단하는 기준인 것 같아요."

이 때 당신은 이렇게 질문할 수 있다.

"선생님이 말씀하신 것들이 편리함을 주나요?"

이런 질문에 "아니요"라고 대답하는 고객은 없다.

질문 3 : 이점을 왜 중요하게 생각하시나요?

(유사질문 : "고객님께 가장 중요한 것은 그점인가요?")

고객의 요구를 알아내는 것은 계약 성사의 관건이다. 이 외에도 약간의 부가적인 질문을 던져 상황을 좀 더 명확히 파악할 수 있다.

질문 4 : 저희 제품이 고객님이 원하는 속도나 휴대성을 포함한 모든 요구사항에 부합한다면 저희 제품을 구매할 의사가 있으신가요?

고객은 당연히 "예"를 외칠 것이다. 왜냐하면 이 질문이 고객이 바라는 것을 정확히 짚어냈기 때문이다. 이것이 전형적인 '전제식' 질문이다. 이 질문을 통해서 당신은 고객의 대답을 끌어낼 수 있다. 만약 상대방이 당신을 거절하려 한다면 이번 질문에서 드러날 것이다.

질문 5 : 잘 됐군요. 언제쯤 노트북을 구매하실 생각인지 여쭤 봐도 될까요?

이 질문의 목적은 얼마만큼의 수량을 언제쯤 구매할지 고객이 결정하도록 하는 데 있다. 물론 결정권은 고객에게 있다. 고가의 물건이라면 먼저 현장에서 사용해 보도록 하는 방법도 효과가 있다.

좋은 질문은 고객의 곤란한 부분을 쉽게 알아낸다. 또, 고객이 억지로 끌려가는 듯한 인상을 받지 않는다. 그러므로 빠른 시간에 이 기술을 익혀라. 당신 혼자서만 떠들거나 고객이 원하는 것을 당신이 모른다면 절대 물건을 팔 수 없다. 고객의 요구를 알아내는 방법은 직접 물어 보는 것이다.

이 밖에 다른 질문 몇 가지를 소개한다.

"왜 ○○을 선택하셨나요?"

"어떤 ○○을 원하십니까?"

"○○가 맘에 드십니까?"

"고객님이 보시기에 어떤가요?"

"싫어하시는 게 뭔가요?"

"다른 이유가 있으신가요?"

"이것이 결정적 요인인 이유가 뭔가요?"

"고객의 반응은 어떤가요?"

"선생님의 경쟁업체는 어떻게 하나요?"

질문해서 돈 벌기

일본의 보험왕 하라 잇페이는 상황에 따른 각종 기술을 사용해서 크고 작은 계약을 셀 수 없이 따냈다. 그 중에서도 단연코 눈에 띄는 것은 그의 질문하기 기술이다.

하라 잇페이를 태운 택시가 빨간 신호등 앞에서 잠시 멈춰 섰다. 이

때, 택시 옆에 고가의 차량 한 대가 멈춰 섰고 그 안에는 품위 있는 노인이 앉아 있었다. 하라 잇페이는 택시에서 내려 그 차의 번호를 기록했다. 그리고 전화번호를 알아봤더니 그 노인은 대기업의 이사였다. 그는 대기업으로 전화를 걸었다.

"○○ 회사죠? 오늘 제가 택시를 타고 가다가 어떤 분의 차를 봤는데 아는 분 같아서요. 생각이 잘 안 나는데 알려주실 수 있을까요?"

"네, 저희 회사 상무이사님 차인 것 같네요."

"이사님의 존함을 좀 알려주시겠습니까?"

"야마모토 선생님이세요."

"감사합니다."

하라 잇페이는 그 차량의 주인이 누구인지 확인한 뒤, 그의 학력과 취미, 출생지 등을 철저하게 조사했다. 그리고 직접 야마모토 이사를 찾아갔다. 하라 잇페이가 상대에 대해 너무 잘 알고 있기에 두 사람은 금방 친해졌고 그는 하라 잇페이의 단골 고객이 되었다.

문제를 통해 잠재고객을 발견하다

상품을 판매하려면 고객의 세 가지 조건을 알고 있어야 한다.

고객에게 구매능력이 있는가, 고객에게 구매의 결정권이 있는가, 고객에게 구매욕구가 있는가. 영어로 말하면 Money, Authority, 그리고 Need이다. 이것이 바로 'MAN'의 법칙이다. 어떻게 'MAN'의 법칙을 이해할 것인가? 우선 영업을 하기 전에 상대방에게 구매력이 있는지 확인해야 한다. 또한 가정이나 단체의 경우에는 그 속에서 가장 결정권 있는 사람을 만나야 한다. 마지막으로 상대방이 아무리 갑부여도 당신의 상품에 관심이 없다면 아무짝에도 소용없다.

'MAN'의 법칙에 부합하는 고객만이 당신에게 의미가 있다. 그렇다면 어떻게 알 수 있을까? 이때 자주 사용되는 방법이 바로 맨투맨 방식이다. 15분이면 상대방이 잠재고객인지 아닌지 금방 알 수 있다.

지금부터 잠재고객을 알아내는 방법을 찾아보자.

유럽의 유명한 영업귀재 골드만(goldman)의 실천에 근거해서 조사한 결과, 일반적인 질문으로 잠재고객의 여부를 확인할 수 있다. 평범한 질문으로도 고객의 need를 알아낼 수 있다.

"지금 사용하시는 컴퓨터는 어느 회사 제품인가요?"

"신상품으로 사셨죠?"

"제품을 어디에 두고 사용하시려고 했나요?"

"그 방은 크기가 얼마나 됩니까?"

"컴퓨터 주변기기는 어떤 걸로 놓으셨나요?"

이 정도면 상대방이 잠재고객인지 아닌지 금방 알 수 있다. 물론 이렇게 기본적인 내용 이외에 상대방의 직업이나 근무 시간 등 정확한 정보를 사전에 물어 볼 필요가 있다. 우리가 질문을 하기 전에 주의할 것은 'MAN' 법칙이다.

질문하기 전에 Need를 알아내라

성공한 영업사원이 되기 위해서는 당신이 판매할 상품에 대해서 알아야 한다. 하지만 이보다 더 중요한 것은 고객이 무엇을 원하는지 아는 것이다. 고객이 당신과 이야기하고 싶어할 때 가장 먼저 고객의 need를 알아내도록 하자.

맥클로린(Mackaurin)은 캐나다 가구영업계의 고수이다. 그는 적절한 질문으로 대화를 이끌어내서 결국 원하는 것을 이룬다. 밴쿠버의 대형 백화점에서 가구 코너를 개장한다는 소식을 들은 맥클로린은 재빠르게 연락을 취했다. 그리고 가구 코너 담당자와 미팅약속을 잡았다.

"빌리, 안녕하세요? 먼저 저희 상품을 소개할 기회를 주신 것에 감사드립니다."

"어서오세요."

"거두절미하고 말씀드리겠습니다. 지난 번에 말씀하셨지만 구체적으로 원하시는 디자인이나 타깃이 되는 고객에 대해 알려주시면 좋겠습니다."

"알다시피 저희 백화점 주변에는 젊은이들이 살고 있어요. 대부분 조립식 가구를 선호하는 편이죠. 하지만 조금만 외곽으로 나가면 연세 지긋한 노인들이 많습니다. 제 어머니도 마찬가지구요. 작년에 어머니께서 조립식가구를 사셨다가 무척 고생을 하셨어요. 고가의 가구를 살 정도는 아니지만 어머님께도 고정적인 수입이 있습니다. 하지만 디자인도 좋고 집에 어울리는 가구를 사기란 쉽지 않다고 하시더군요. 어머님의 많은 친구 분들도 같은 생각이시구요. 제가 나름대로 조사해 보니 어머님 말씀이 맞더군요. 그래서 저는 이런 부분에 중점을 두고 있습니다."

"고령의 고객이 가장 중요하게 생각하는 것이 가구의 내구성이란 말씀인가요?"

"네, 저는 고객들이 저희 제품을 오래도록 사용할 수 있기를 바랍니다. 저희 할머니 댁에 있는 가구는 30년이 넘도록 멀쩡하거든요. 물론 저렴한 가격으로 좋은 품질을 만드는 게 쉽지 않다는 거 잘 압니다. 그래도 저는 이런 가구를 원합니다."

"(동의하는 표정) 당연한 말씀입니다. 한 가지만 더 여쭤 볼 게요."

"(고개를 끄덕이며) 말씀하세요."

"어느 정도 가격대를 원하시나요? 예를 들면, 고객이 소파를 구매하는 데 얼마나 투자할까요?"

"(웃으며) 제가 제대로 전달하지 못했군요. 저는 싸구려 제품이나 너무 비싼 제품은 원치 않습니다. 오래 사용할 수만 있다면 적어도 6만 원에서 8만원 정도는 투자하지 않겠습니까?"

"잘 됐네요. 저희 회사는 이 일을 할 수 있습니다. 저희 제품 중에 '엘레강스' 시리즈가 있는데 외관이나 품질, 가격 면에서 이 백화점의 요구와 딱 맞는군요. 이 가구는 영구성이 있을 뿐만 아니라 오염방지 처리를 해 두어 청결을 유지할 수 있습니다. 좀 더 자세한 내용을 말씀드리고 싶은데 괜찮으세요?"

"좋습니다. 말씀하세요."

계약을 성사시키고 싶다면 고객의 요구를 알아낼 수 있는 질문을 하라. 또한 당신이 할 수 있는 한도 내에서 대화를 이끌어가라. 맥클로린은 전략적인 질문으로 계약을 성사시켰다. 다음은 그의 질문의 핵심을 정리한 내용이다.

1. 준비된 질문으로 고객의 요구를 찾아라.

2. 질문으로 당신이 이 사업에 관심이 있음을 드러내라.

3. 고객에 질문을 하고 대답을 듣는 중간에 상품을 설명하라.

4. 당신이 던지는 질문은 고객이 상품의 가치를 평가하는 데 도움이
   된다.

기회가 있다면 시험해 보라.

 말을 잘하는 사람은 질문을 잘하는 사람이다.

진심

CHAPTER . 4

물리학의 관점에서 보면 작용과 반작용은 동시에 나타난다. 인간은 감정의 동물이다. 그래서 타인이 나에게 관심을 가지면 나 역시 진심

으로 그를 대하게 된다. 때때로 사람의 감정은 이성마저 지배한다. 그러므로 타인을 만나면 당신의 진심을 보여 주고 신뢰를 쌓도록 하라.

🌸 천이의 진심 🌸

홍군장정(紅軍長征) 후, 진의는 홍군의 일부를 이끌고 소비에트지구[1]에 남아 전투를 계속 했다. 언제 어떤 일이 일어날지 모르는 그들에게 전투자금은 목숨만큼 중요했다. 천이는 그 돈을 책임지고 관리하고 있었다. 하지만 멋모르는 일부 군사들은 뒤에서 수군거리며 누군가 그 돈을 빼돌리는 게 아닌지 의심했다. 이 말을 들은 천이는 당장 군사들을 불러 모았다. 모두가 지켜보는 가운데 천이는 전대를 풀어 그 안에 든 돈을 좌르르 쏟았다.

"동지 여러분, 이 돈은 당에서 준 목숨과도 같은 전투자금입니다. 저는 이 돈을 제 자신보다 중요하게 생각합니다. 만일 전투 중에 제가 죽는다면, 제 시체는 놔두고 이 돈을 먼저 가져오십시오."

진지하고 호소력 있는 천이의 말은 좌중의 심금을 울렸다. 그 후, 천이와 군사들간에 신뢰는 깊어졌고 그들은 혁명의 최후까지 함께 싸워 나갔다.

---

1) 蘇區 : 중국국공 내 전시기의 구역

부시에게 도끼를 팔다

조지 허버트(George Herbert)는 부시 대통령에게 도끼를 판매한 유명한 사람이다. 이에 브루킹스학회(Brookings Institution)는 그에게 '가장위대한 영업 컨설턴트'라고 새겨진 황금부츠를 선물했다. 그는 어떻게 부시 대통령에게 도끼를 판매할 수 있었을까?

클린턴 대통령(William Jefferson Clinton) 집권 당시, 브루킹스 학회에서는 '과연 누가 대통령에게 내의를 팔 수 있나'가 관건으로 올랐다. 하지만 그 누구도 대통령에게 내의를 팔 배짱이 없었다. 그렇게 시간이흘러갔다. 그 사이에 미국의 대통령은 클린턴에서 부시로 바뀌었다. 이번에는 도끼를 팔기로 했다. 사람들이 꾸물거리는 사이에 조지는이 일을 해냈다. 모두들 그가 배짱이 있었기에 가능한 일이라고 생각했다. 하지만 그 일이 가능했던 이유는 조지가 부시의 입장에서 생각하고 고민했기 때문이다. 그 누구도 부시 대통령에게 한낱 도끼 따위를 팔 수 있을 거라고 상상하지 못했다. 하지만 조지는 달랐다. 그는부시 대통령이 농장을 소유하고 있음을 알고는 그곳의 수목을 관리하기 위해 도끼가 필요하다는 것을 확신했다. 조지는 편지를 썼다.

"존경하는 부시 대통령, 저는 텍사스의 농장을 가 본 적이 있습니다. 시국(矢菊)나무가 많이 자라 있더군요. 어떤 것은 이미 죽었고 줄기가 변한 것도 많았습니다. 제 생각에는 쓸모 없는 나무들을 잘라 낼필요가 있을 듯 합니다. 하지만 현재 시중에 있는 도끼는 너무 가벼워서 금방 망가질 겁니다. 제게 할아버지께서 물려 주신, 벌목에 아주 적합한 도끼가 있습니다. 가격도 단돈 15달러로 저렴하지요. 만약 관심이 있으시면 제게 연락 주십시오."

그러자 부시 대통령은 그에게 15달러를 보내 왔다.

조지 허버트의 성공은 우리가 타인에게 관심을 가져야 하는 이유를 말해 준다.

상대방을 먼저 생각하라

모든 사람이 관심 있는 것

오스트리아의 저명한 심리학자 알프레드 아들러(Alfred adler)의 저서 《인생의 당신에 대한 의식》을 보면 이런 명언이 있다.

"타인에게 관심이 없는 사람은 평생을 역경에 시달리고 남에게 상처를 준다. 세상의 모든 실패는 바로 이런 사람들에게 일어난다."

모든 영업사원이 고객을 찾으려고 고군분투하지만 조금만 신경을 쓴다면 그럴 필요가 없다. 주변의 일에 눈을 돌리고 타인에게 관심을 갖는다면 고객이 먼저 당신을 찾아올 것이다.

말을 잘하는 사람은 상대방의 흥미를 잘 유발한다. 일을 잘 처리하는 사람은 상대를 잘 감동시키는 사람이다. "마술사 중의 마술사"라 불리는 저스틴은 과거에 엄청난 관객을 몰고 다니던 유명한 마술사였다. 그는 늘 관중들을 위한 공연기획으로 고민했다. "마술사들에게 관중은 그저 바보일 뿐이다." 하지만 저스틴은 달랐다. 그는 매번 무대에 오를 때마다 자신에게 되뇌었다. '내 공연을 보러 온 관객은 날 아끼는 부모와도 같은 존재야. 그러니 최선을 다해서 멋진 공연을 펼쳐보자.' 그는 이런 마음가짐으로 최고의 공연을 선사하며 관객들에게 열렬한 호응을 얻었다.

상대를 배려하면 그도 당신을 배려한다

가치 있는 말을 하고 싶다면 대화의 법칙을 지켜야 한다. 이를 가리켜 '황금법칙'이라고 한다. 황금법칙이란, 당신이 대우받고 싶은 대로 타인을 대하는 방법이다. 다른 사람의 지지를 얻고 싶다면 먼저 타인의 입장에서 생각하라.

영국 피혁공장의 영업사원은 여러 차례 런던의 피혁제화점을 방문했으나 번번이 사장과의 만남을 거절당했다. 어느 날, 영업사원은 제화세금관리법의 개정안이 실린 기사를 들고 다시 제화점을 방문했다. 그는 이 기사가 제화점 사장에게 도움이 될 것이라 생각했다. 그는 제화점에 들어가자마자 큰 소리로 말했다.

"사장님께 비용을 절감하고 돈도 벌 수 있는 방법을 찾았다고 전해 주세요!"

그의 배려를 느낀 사장은 그와 만나겠다고 했다. 당신이 상대방에게 유용한 정보를 전해 주면 그도 당신에게 이익을 줄 것이다. 영업사원을 넘어 고문이 되어 보라. 그에게 당신의 배려가 전해진다면 당신은 발전을 거듭할 것이다.

청상회의 프랭크 러셀이 고객에게 전화를 걸었다.

"빌, 안녕하세요? 제가 선생님께 도움이 될 만한 것을 찾았습니다."

"그게 뭐죠?"

"석유입니다."

"전 필요 없어요."

"어째서입니까?"

"대체 그걸 어디에 넣으라는 겁니까?"

"빌, 만약 제가 당신과 형제라면 석유 값이 폭등하기 전에 얼른 사라고 이야기할 겁니다."

"정말 필요 없어요. 보관할 것도 마땅찮은데요, 뭘."

"창고를 이용하시면 되잖아요."

"됐어요. 호의만 고맙게 받겠습니다."

다음 날, 출근한 프랭크는 책상 위에 빌이 연락을 바란다는 메모를 보았다. 프랭크가 전화를 하자 빌의 첫마디는 이랬다.

"창고 하나를 빌렸어요. 석유를 보관할 수 있으니 내게 보내 주겠소?"

상대방의 동의를 얻어 내는 방법

메리는 자전거 영업사원이다. 한 부부가 아이를 데리고 매장에 들어왔다. 메리는 그들이 편하게 구경할 수 있도록 배려했다. 부인은 한 자전거가 마음에 든 눈치였다. 하지만 그 자전거의 가격은 다른 기종에 비해 비싼 편이었다. 이를 본 메리가 말했다.

"제가 보기에도 이 자전거는 비싼 것 같네요. 하지만 이 돈이 아깝지 않다는 걸 알게 되실 거예요. 이 자전거에는 '안심하고 타세요' 라는 별명이 있어요. 그 이유는 아주 훌륭한 브레이크가 있기 때문이죠. 내구성도 훌륭하고 조작도 간단하답니다. 무엇보다 중요한 것은 안전하다는 점이죠."

부부가 고개를 끄덕이자 메리는 계속해서 말했다.

"사모님, 아이가 자전거를 탈 때 어떤 점이 가장 걱정되세요? 아마 안전일 거예요. 만약 이 돈으로 안전을 살 수 있다면 결코 아깝지 않으시겠죠? 게다가 적어도 5년은 이 자전거를 쓸 수 있을 겁니다."

부부는 메리의 말을 듣고는 곧바로 그 자전거를 구입했다.

상대가 가질 이점을 먼저 생각하고 말한다면 당신은 고객을 감동시킬 수 있다. 상대방의 동의를 얻는 방법은 바로 상대방을 먼저 생각하는 것이다. 그 사람의 관심과 이익을 고려해서 말하라.

말하기의 진짜 매력은 진심에 있다

한 대학교수가 《사상정치공작방법》이라는 책을 썼다. 출판사는 그에게 원고료 대신 천 권의 책을 주었다. 책을 팔기 위해서 그는 교직원을 모아 놓고 말했다.

"요즘은 작가도 하기 힘들더군요. 책도 써야 하고 영업도 해야 하고……. 책 소개 대신 두 가지만 말씀드리고 싶습니다. 이 책은 삼 년 동안 공들여 쓴 제 피와 땀의 결실입니다. 그리고 제가 오랫동안 연구한 결과물입니다. 이번 사회과학계열 우수도서 부분에서 2등을 하기도 했죠. 그런데 오랜 기간의 연구보다도 책을 파는 일이 더 힘들군요. 만약 제 책이 여러분 삶의 양식이 될 수 있다고 생각한다면 이 책을 구매해 주시기 바랍니다. 감사합니다."

진솔하고 소박한 그의 말은 좋은 반응을 얻었고 책은 삽시간에 모두 팔렸다.

얼마 전에 내가 직접 겪은 일이다. 나는 전자제품을 사기 위해 상점에 들어갔다. 문을 열기가 무섭게 만면에 웃음을 띤 남자직원이 다가왔다. 그는 내게 제품의 특성을 쉽게 설명해 주고 친절하게 가격비교도 해 주었다. 능숙한 그의 설명으로 점차 제품에 호기심이 생겼다. 그런데 남자직원의 말은 그칠 줄 몰랐고 내가 질문해도 아랑곳없이 혼자서만 이야기하는 게 아닌가. 내가 지갑을 열 때까지 말을 멈추지 않을 것처럼 보였다. 더 이상 설명할 내용이 없자 그는 타사 제품을 비방했다. 나의 호기심은 찬물을 끼얹은 듯 사그라졌다. 그래서 다른 손님이 들어오는 틈을 타서 나는 도망치듯 그 상점을 나와 버렸다. 등 뒤로 불만 섞인 남자직원의 목소리가 들려 왔다.

그 직원은 어느 정도 훈련된 판매원이었지만 말하는 법을 몰랐다. 어째서 그가 고객의 구매 욕구를 사라지게 했는지 고민해 봐야 할 것이다.

이런 사례들이 증명하듯 말의 매력은 얼마나 유창한지가 아니라 어떻게 진심을 표현하는지에 있다. 영업의 귀재는 말 속에 진심을 표현하는 사람이다. 이런 이치는 일상생활에서도 똑같이 적용된다. 말만 그럴싸하게 하면 사람을 감동시킬 수 없다. 달변가가 되고 싶다면 어떻게 사람의 마음을 여는지 배워라. 진심을 다해 말하면 청중도 당신과 함께 호응할 것이다.

진심으로 대하면 진심으로 돌아온다

한 기업의 사장이 재능 있는 직원을 해고하고 반대로 별 볼일 없는 직원을 남겨 두었다. 친구가 이유를 묻자 사장이 대답했다.

"그 친구는 회사에 불성실할 뿐만 아니라 진실해 보이지도 않아."

고용관계나 친구관계에서 진심으로 대하는 것은 매우 중요하다. 진심은 인간의 훌륭한 본성 가운데 하나이기 때문이다. 상대방이 진심이길 바란다면 당신도 진심으로 대하라.

필라델피아에 살고 있는 커넬피(kenelfee)는 대형 체인점에 석탄을 판매하려고 했다. 하지만 그곳에는 이미 다른 납품업체가 있어서 그가 아무리 찾아가도 소용이 없었다. 자신의 노력이 모두 수포로 돌아가자 커넬피는 속으로 그 사장을 원망했다. 하지만 한 사건을 계기로 그들의 관계는 바뀌게 되었다. 커넬피가 체인점 측에 서서 변론할 일이 생긴 것이었다. 그래서 그는 다시 그 대형체인점을 찾아가 책임자를 만났다.

"저는 이곳에 석탄을 팔러 온 것이 아니라 도움을 구하러 왔습니다. 자료를 제공받을 만한 사람을 소개해 주신다면 변론에 도움이 될 것 같네요. 부탁드립니다."

처음 커넬피가 찾아 갔을 때 1분만 시간을 달라고 해도 들은 척도 않던 사장이 그 말을 듣고는 그와 두 시간이나 대화했다. 그러고 나서 사장은 체인점에 관해 책을 쓴 일이 있는 직원을 불러 주었다. 게다가 전국의 체인점에 공문을 돌려 커넬피의 변호에 필요한 문서를 제공하라고 말해 주었다. 이것은 그의 변론에 큰 도움이 되었다. 커넬피가 집으로 돌아갈 때 사장은 그의 어깨에 팔을 두르며 성공적인 변론을 하도록 빌어 주었다. 또한 커넬피에게 석탄을 구매하겠다고 약속했다. 사장이 이렇게 달라진 이유는 간단하다. 그것은 커넬피가 먼저 진심으로 도와 주려 했기 때문이다.

당신은 타인의 입장을 이해하고 인정하기 위해 노력해야 한다. 상대의 생각이 자신의 관점과 다르거나 비현실적이라고 느껴져도 당신의 생각만 고집해서는 안 된다. 진심으로 다른 사람을 대할 때, 당신도 타인의 지지와 관심을 얻을 수 있다. 절대적인 옳고 그름이란 없다. 단지 각자의 입장이 다를 뿐이다.

메리 케이(Mary Kay Ash)는 젊은 시절에 이런 경험이 있었다. 메리는 바닷가에 홀로 앉아 있는 한 여자를 보았다. 그 여자는 슬픈 표정으로 눈물을 흘리고 있었다. 그것을 보고 메리는 가까이 가서 말을 걸었다. 하지만 여자는 메리를 쳐다보지도 않고 계속 자신만의 세계에 빠져 있었다. 메리는 부드러운 목소리로 말했다.

"이렇게 예쁜 사람이 울고 있으니 마음이 아프네요. 속상한 일이 있다면 나한테라도 말해 보는 게 어때요?"

한참만에 말문을 연 여자는 사랑하는 사람에게 버림 받았다고 말했다. 자살까지 결심하고 있던 그녀는 하염없이 눈물을 흘렸다. 메리는 이야기를 듣고 나서 함께 슬퍼하며, 그 남자가 보는 눈이 없다며 욕을 해 주었다. 그리고 격려의 말도 잊지 않았다.

"걱정 말아요. 세상에 남자는 많아요. 당신은 꼭 멋진 사람을 만날 거예요. 여자인 나도 반할 만큼 예쁜데 남자들은 말할 것도 없죠. 그러니까 힘내세요."

그녀는 진심으로 고마움을 표현했다.

"정말 고마워요. 한 번도 이렇게 많은 얘기를 남에게 털어놓은 적이 없어요. 오늘에서야 진정한 나를 발견한 것 같아요. 앞으로는 정말 잘 해 나갈 자신이 있어요."

사람은 누구나 타인에게서 관심과 인정을 받고 싶어한다. 진심어린 칭찬을 하는 데 걸리는 시간은 채 1분이 되지 않는다. 하지만 듣는 이에게 그것은 평생토록 기억에 남는다.

관심으로 이끌다

당신이 원하는 방향으로 대화를 이끌고 싶다면 상대방의 입장에서 출발하라. 예를 들어, 아이를 교육시킬 때는 잘못을 지적하는 것보다 관심어린 지도가 더 필요하다. 영업을 할 때는 고객의 입장에서 생각하는 것이 전제되어야 한다. 그러면 신뢰를 얻게 되어 상대방은 당신과의 거래를 흔쾌히 응할 것이다.

4개의 사탕으로 학생을 가르치다

초등학교 교장인 타오싱쯔는 같은 반 친구를 때리고 있는 왕우를 보았다. 그는 왕우에게 방과 후에 교장실로 오라고 했다. 수업이 끝난 뒤 왕우는 교장실 앞에서 타오싱쯔를 기다리며 매맞을 준비를 하고 있었다. 그런데 타오싱쯔는 회초리 대신 사탕을 꺼내더니 그에게 주었다.

"이건 너한테만 주는 거야. 앞으로 수업이 끝나면 매일 와서 받아가거라."

왕우는 믿을 수 없다는 표정으로 사탕을 받았다.

"그리고 이건 너한테 주는 상이란다. 아까 내가 멈추라고 했을 때, 네가 손을 멈춘 것은 내 말을 존중해 준 거라고 생각한다. 그러니 당연히 상을 줘야지."

왕우의 놀란 눈은 더 휘둥그레졌다. 타오싱쯔는 세 번째 사탕을 꺼내며 말했다.

"듣자하니 그 아이가 여학생을 놀렸기 때문에 네가 때린 거라고 하더구나. 네가 얼마나 착한 아이인지 알았으니 이것도 상으로 줘야지."

왕우는 감동한 나머지 눈물을 흘리며 용서를 빌었다.

"선생님, 제가 친구를 때렸으니 저를 벌해 주세요. 잘못했어요."

타오싱쯔는 미소를 지으며 네 번째 사탕을 왕우에게 주었다.

"네 스스로 잘못을 알았으니 네 번째 상을 주어야겠구나. 허허, 이제 사탕이 없으니 그만 돌아가렴."

관심과 보살핌으로 이끌어라

한 사람이 어떻게 고객을 만나고 성공했는지 다음의 사례를 보자.

"안녕하세요. 사장님이신가요? 저는 엔리케라고 합니다. 예전에 한 번 편지를 보내고 연락을 드렸죠. 내일이나 모레 정도에 잠시 시간을 내 주실 수 있을까요?"

"편지는 잘 봤지만 저는 그 물건에 관심이 없습니다."

"상품을 보지 않으면 누구나 자기 생각대로 판단할 겁니다. 그래서 더 선생님을 뵙고 싶습니다. 시장조사를 통해서 이 제품이 사장님께 매우 도움이 될 거란 사실을 알았습니다. 제가 더 자세한 자료를 드릴 수도 있고요."

만약 결정권자라면 관심 없다는 말로 거절할 수 있다. 이럴 때에는 '신발이 발에 맞는지 아닌지는 신어 봐야 안다'는 생각을 심어 줘야 한다.

"요즘 바빠서 시간이 없네요."

"이런 상점을 관리하려면 바쁘실 거라는 걸 알고 있습니다. 저도 시간을 중시하는 사람이기에 이렇게 전화를 드린 거구요. 절대로 많은 시간을 뺏지 않을 겁니다."

"정말 시간이 없어요."

"네, 시간의 중요성을 모르는 사람은 조그만 상점을 이렇게 큰 회사로 만들 수 없겠죠. 그래서 사장님이 더 효율적으로 일할 수 있길 바라는 마음에서 찾아 뵈려고 합니다. 저희 제품이 어떤 건지 한 번 보시면 분명 만족하실 겁니다."

"그럼 지금 말씀하세요."

"고객님이 매우 신중한 분이라는 건 압니다만, 전화로는 제대로 말씀드리기 어렵기에 제가 직접 자료를 가져가서 고객님께 보여드리고 싶습니다."

"자료를 보내 주세요."

"이 자료는 상업적 가치가 큽니다. 함부로 반출할 수 없는 중요한 자료이기 때문에 괜찮으시다면 시간을 정해서 제가 찾아뵙고 싶습니다."

"그럼 제 시간을 낭비하는 게 아닙니까?"

"만약 저희 제품이 고객님 사업에 도움이 된다면 그런 생각은 금방 잊으실 겁니다. 저희 고객님들도 처음에는 내켜하지 않으셨지만 사용 후에는 비용절감에 놀라셨거든요."

시간이 없다며 거절한다면 이렇게 대처하라. 바쁜 사람이 아니라 능률을 중시하는 사람이 성공한다는 것을 암시하라.

"어떤 제품을 말하는지 알지만 지금은 돈이 없어서 살 수가 없어요."

"이해합니다. 자금유통이 잘 안 될 수도 있죠. 그렇지만 신용이 쌓이면 돈은 두 번째 문제죠. 지금은 그저 물건을 보여드리고 싶습니다."

돈이 없다는 이유로 거절한다면 집착할수록 돈은 멀어지며, 내버려두면 돈이 먼저 찾아 온다는 것을 느끼게 하라.

"필요 없어요."

"저희 상품을 못 보셨으니 시간 아까워하시는 걸 이해합니다. 그래서 더 뵙고 싶은 겁니다. 아이파크 빌딩도 사장실에서 지하에 이르기까지 모두 저희 제품을 사용합니다. 그래서 지난 사고에도 전부 보험처리를 받았죠. 게다가 지금은 행사기간입니다. 일 년에 한 번뿐인 기회이고 각종 혜택이 있습니다. 뵙고 말씀드리면 좋을 텐데요."

필요 없다고 거절하면 장기적인 안목을 가진 사람만이 기회를 잡을 수 있음을 역설하라.

만약 당신이 진심으로 상대방을 위해서 생각하고 말하는데도 온갖 이유를 대면서 피한다면 다시 '질문'의 단계로 돌아가야 한다.

일반적으로 이렇게 길게 이야기할 필요는 없다. 대부분 그 전에 계약이 성사되거나 만날 시간을 잡을 수 있다.

관심어린 말 한 마디로 약속을 잡다

큰 계약을 따내고 싶다면 반드시 약속을 하고 고객을 만나라. 대형 고객과 만날 때는 화술에 좀 더 주의할 필요가 있다. 아래의 예문을 보자.

고   객 : 빌, 미안해요. 당신의 제품은 정말 좋은데 우리는 이미 예산이 정해졌어요. 다음 분기가 되면 다시 얘기합시다.

빌   : 로드리고 선생님, 너무 늦게 연락드려서 죄송합니다만 지

금 저희가 텔레비전과 잡지에 광고를 내고 있어서 지금 구
매하시면 고객님의 회사 이름이 광고에 들어갑니다. 작년
에 저희 회사 광고가 반응이 좋았거든요. 다음 주 정도에
제가 찾아뵙고 싶은데 어떠세요?

대형 고객의 경우 매년 분기별 예산이 정해져 있다. 하지만 비상운용
자금이 있다. 이 비상금을 사용하게 하기 위해서는 상대방의 마음을
읽어야 한다.

고　　객 : 이번 달은 너무 바빠서 볼 시간이 없네요.
영업사원 : 고객님의 시간을 절약할 수 있는 방법이 있습니다. 게다
　　　　　가 비용도 절감할 수 있고요. 오늘이나 내일 시간이 어떠
　　　　　신지요?

그의 스케줄이 꽉 찬 것이 아니라면 당신은 그와 만날 기회를 얻을 수
있다.

고　　객 : 제가 이 일을 인계받은 지 얼마 되지 않았습니다. 그래서
　　　　　지금은 새로운 공급업체를 만들기가 어렵네요. 다음 해에
　　　　　연락드리겠습니다.
영업사원 : 장사장님, 이제 막 인계를 받으셨으니 기존 공급상에게
　　　　　먼저 연락하는 게 당연합니다. 저는 그저 잠시 만나 뵙고
　　　　　새로 출시된 실크스카프를 보여드리고 싶은 겁니다. 이번
　　　　　에 프랑스나 이태리 패션잡지에도 광고가 나갔고 유럽에

서도 꽤 잘 나가고 있거든요. 사장님께서 바쁘시니 내일 정도로 약속을 잡는 게 어떨까요? 제가 샘플을 들고 가서 보여 드릴 테니 결정은 나중에 하셔도 됩니다.

새롭게 부임한 책임자는 신중한 것이 당연하다. 시장의 흐름을 파악하고 최대한 인기제품을 공급하는 업체와 접촉할 것이다.

영업사원 : 고객님의 매출을 30% 이상 신장시킬 수 있는 비결이 있는데 들어보시겠습니까?

고　　객 : 물론입니다. 말해 보세요.

영업사원 : 전화로는 말씀드리기 어려우니 만날 수 있을까요? 10분 정도만 얘기하면 됩니다.

현대인의 시간은 곧 돈이다. 당신과 제품이 도움을 줄 수 있을 것이라 믿게 해야 한다. 단, 너무 장황하게 말하지 마라.

 말 잘하는 사람은 진심으로 타인을 아끼는 사람이다.

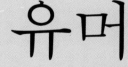

CHAPTER.5

유머는 삶을 즐겁고 유쾌하게 만들어 주는 인생의 지혜다. 때때로 유머는 웃음 뒤에 진중한 메시지를 담고 있으며, 그것은 우리의 삶을 감
칠맛 나게 해 주는 '조미료'와 같다. 달변가들의 공통점은 유머가 뛰어나다는 것이다. 그들은 사람들에게 호감과 지지를 받는다. 어디서나 환
영받는 사람이 되고 싶은가? 그렇다면 유머를 배워라. 탁월한 유머는 당신의 소중한 재산이 된다.

걱정 없는 대통령

미국의 39대 대통령 지미 카터(Jimmy Carter)는 독실한 크리스천이었다. 기자들은 이를 가지고 종종 곤란한 질문을 던지곤 했다.

어느 날 한 기자가 물었다.

"만약 당신의 딸이 다른 사람과 부적절한 관계를 맺고 있다면 어떻게 하시겠습니까?"

그는 여유롭게 대답했다.

"너무 놀라서 어찌할 바를 모를 것 같군요."

그리고 이렇게 덧붙였다.

"그렇지만 아직 걱정할 필요는 없을 것 같소. 내 딸은 이제 겨우 일곱 살이니 말이오."

해학 속의 진중함

유머는 지혜의 결실이며 그 사람의 인품을 나타내기도 한다. 일본 심리학자 다코 아키라(多湖輝)는 유머를 '언어의 효모'라고 표현했다. 유머를 발휘하는 것은 곧 기쁨을 창조하는 일이다.

유머는 말하는 이의 품격과 교양을 드러내며 즐겁게 일하도록 만드는 능률적인 수단이기도 하다. 마오쩌둥(毛澤東)과 저우언라이(周恩來)도 유머로 대중의 사랑과 존중을 받았다. 독일의 사회주의자 엥겔스(Friedrich Engels)도 이렇게 말했다. "유머는 지혜, 교양, 도덕적 우월감의 표현이다." 유머는 대화의 윤활유이자 가벼우면서도 깊은 뜻을 담고 있다.

기자회견에서 한 외신기자가 중국의 정치가이자 군사전문가인 천이(陳毅)에게 물었다.

"최근에 중국에서 미국의 U-2형 고공정찰기를 격추시킨 것으로 알고 있습니다. 어떤 무기를 사용하셨습니까?"

이는 국방 문제와 직결되는 날카로운 질문이었다. 그러나 노장 천이 총리는 전혀 당황한 기색 없이 손을 들어 허공을 찌르면서 유머를 날렸다.

"기자 선생, 우린 대나무장대로 찔렀다오!"

자리에 있던 기자들은 총리의 재치 있는 답변에 감탄을 금치 못하며 박수를 쳤다. 유머는 어떤 상황에서든 분위기를 한결 부드럽게 이

완시켜줄 뿐만 아니라 당신을 더욱 돋보이게 만들어 준다. 누군가와 처음 만나는 자리에서 어색함을 해소하고 싶다면, 또한 업무상 만나게 되는 거래처 사람들에게 좋은 인상을 남겨주고 싶다면 유머 있는 말을 건네라.

만난 지 며칠 되지 않은 두 사람이 있었다. 서로에 대해 잘 알지 못하다보니 형식적인 대화만이 오고갔다. 어색한 분위기를 깨고 한 사람이 조심스레 말했다.

"이런 어색한 분위기 힘들지 않아요? 실례가 안 된다면 서로 편하게 대했으면 좋겠어요."

이 말을 들은 다른 한 사람도 말이 끝나기 무섭게 맞장구를 쳤다. 결국 두 사람은 공통된 화제를 찾았고 즐겁게 대화했다.

시간을 때우기 위해 하는 말장난은 유머가 아니다. 적절하게 머리와 가슴을 오가는 표현으로 울고 웃게 하는 것이 바로 유머의 힘이다. 때문에 유머를 잘 사용하려면 일정한 지식과 교양이 있어야 한다.

중국의 대표적 사상가이자 대문호인 루쉰(魯迅)의 말 속에는 늘 유머가 담겨 있다. 국민당에서 남녀가 한 학교에 다니거나 같은 수영장에 들어가는 것을 금지했다. 그 말을 들은 루쉰은 이렇게 말했다.

"남녀가 유별한데 함께 공부하고 수영하다보면 서로 몸이 부딪칠 수 있으니 당연히 금지해야지. 근데 인간은 숨을 쉬고 살지 않나? 숨 쉬다 보면 남자가 내뱉은 공기가 여자의 콧속에 들어갈 수도 있잖아. 이렇게 불경한 일이 어디 있나! 내가 보기에는 아예 방독면을 쓰게 해

서 공기가 불순해지지 못하게 해야 하네. 이렇게 말야!'

루쉰은 일어나서 정말 방독면을 쓰고 거리를 걷는 시늉을 했다. 루쉰의 친구들은 배꼽을 잡고 박장대소했다.

유머에도 종류가 있다. 동료와 함께 있다면 '웃기는 유머'나 '철학적 유머'를 사용하라. 친구에게는 각종 유머의 방식을 적절히 사용하는 것도 좋은 방법이다. 만약 당신에게 적대적인 감정을 가진 사람이라면 '풍자식 유머'를 써 보라. 당신의 위트 있는 말 한 마디가 상대방에게 깨우침을 줄 것이다.

《허클베리핀의 모험》을 쓴 유명한 미국의 소설가 마크 트웨인(Mark Twain)은 유머가 넘치는 사람이었다. 한번은 허영에 가득 찬 백만장자가 자신의 인공 안구를 자랑했다.

"어느 쪽 눈이 가짜인지 맞춰 보게."

마크 트웨인은 그의 왼쪽 눈을 가리키며 말했다.

"이게 가짜군요."

백만장자는 깜짝 놀라며 '대체 어떻게 알았냐고 물었다. 그는 이렇게 말했다.

"왜냐하면 이 눈에는 아직 인자함이 남아있으니까요."

풍부한 표정은 당신의 말 속에 담긴 유머를 더욱 잘 전달한다. 변증법의 기초를 세운 독일의 철학자 헤겔(Georg Wilhelm Friedrich Hegel)은

"같은 말이라도 사람에 따라서 다른 의미를 나타낸다."고 말했다. 설령 한 사람이 똑같은 말을 했다 하더라도 말의 높낮이, 어조, 표정에 따라 다른 의미를 내포하기도 한다. 그러므로 말할 때에는 표정이나 어조도 주의해야 한다.

70년대 미국의 심리학자 알버트는 연구를 통해 우호적인 대화의 공식을 세웠다. 그것은 '우호적 대화=7%의 내용+38%의 어조+55%의 표정'이다. 이 공식을 보면 어조나 표정이 얼마나 중요한지 알 수 있다.

이탈리아의 유명한 예술가 루시가 외국 인사들을 공연에 초청했다. 공연에 참석한 외국인들은 이태리어를 할 줄 몰랐다. 하지만 루시는 아랑곳하지 않고 계속해서 대사를 읊어 나갔다. 루시는 애절한 표정과 어조로 대사를 읽었고 그것을 본 관객들은 감동한 나머지 눈물을 흘렸다. 어떤 내용이었을까? 루시가 읽은 대사는 다름 아닌 메뉴판이었다.

하지만 당신 입에서 나오는 모든 말이 사람들을 즐겁게 하지는 않는다. 상대방에게 자기가 웃음거리가 되고 있다는 느낌을 주지 않도록 하자. 유머에도 '수위' 조절이 필요한 것이다. 웃음이 가득한 삶을 위해서 이제부터 위트 있는 말을 배워 보자.

유머가 눈앞에 보이다

유머는 일종의 경지이다.

산에 맑은 물이 끊임없이 흘러내리는 것은 그 아래에 마르지 않는 수원(水源)이 있기 때문이다. 이처럼 밝은 마음과 재치 있는 성격은 유머를 만들어 내는 근본이 된다.

마음이 무거우면 환하게 웃을 수 없다. 따라서 걱정 근심이 많은 사람은 말 속에 전부 드러난다. 마음이 편해야 웃을 수도 있고 다른 사람을 즐겁게 할 수 있다. 사람들은 유머를 좋아한다. 아름다운 풍경을 보면 나도 모르게 눈길이 멈추는 것처럼, 유머러스한 사람들은 우리를 웃게 만들고 행복한 분위기에 젖어들게 만든다.

중국의 유명한 서화가 계공(啓功)에게 많은 사람이 찾아와서 그림과 글을 부탁했다. 찾아오는 사람이 너무 많아져서 생활에 불편을 겪자 그는 문에다가 글을 써서 붙여 놓았다.

"팬더가 병이 났습니다."

이 글을 읽은 방문자들은 웃으며 되돌아갔다.

한 장군이 연회에 참석했다. 다 같이 잔을 부딪치는데 긴장한 한 병사가 그만 실수로 장군의 머리 위에 술을 쏟았다. 놀란 병사는 하얗게 질려서 아무 말도 하지 못했다. 그러나 장군은 뜻밖에도 웃으며 말했다.

"자네가 내 대머리를 고쳐주려고 했군. 그런데 나는 이제껏 이런 방법이 있는지 몰랐는 걸."

그 한 마디에 얼어 있던 좌중은 순식간에 웃음바다가 되었다.

유머는 특정한 사람의 전유물이 아니다. 누구나 사용할 수 있는 것이다. 《생활의 발견》을 쓴 중국의 유명한 문학가 린위탕(林語堂)은 이렇게 말했다.

"유머는 극단적이거나 진부해서는 안 되며, 사람 안에서 자연스럽게 배어 나와야 한다. 입에서 나오는 대로 말해 버리면, 사람을 웃게 할지는 몰라도 그것은 경박한 웃음에 지나지 않는다. 자연스럽고 당당하며 재치 있는 언어를 사용하라. 그러면 유머가 무엇인지 어느 순간 당신의 눈앞에 보일 것이다."

유머는 생활에 활력을 준다. 명랑하고 활발한 마음을 가지면 유머가 '눈앞에 나타나는' 경지에 이를 것이다.

유머는 지혜를 나타낸다

중국의 따리엔(大連)시장, 랴오닝성(遼寧省) 장을 거쳐서 현재 국가상무부장으로 있는 보시라이(薄熙來)는 말재주가 비범했다. 게다가 유머 감각도 뛰어나 사람들에게 깊은 인상을 남겼다.

그의 재치 있는 농담은 시간이 흐른 뒤에도 사람들의 입에 오르내렸다. 보시라이의 일화들을 보면 그의 지혜로움을 엿볼 수 있다.

아버지의 덕을 보다

1993년 3월 '93 따리엔(홍콩)경제무역합작상담회'가 홍콩에서 열렸다. 따리엔의 신임 시장이었던 보시라이도 참가했다. 개막식 기자회견에서 한 기자가 그에게 질문을 던졌다.

"시장님의 부친은 정부 간부이니 정책적인 부분에서 도움을 많이 받았겠군요?"

현장의 수많은 이목과 카메라가 그에게 집중되었다. 보시라이는 미소를 지으며 말했다.

"솔직한 질문이 맘에 드는군요. 아마 제 부친에 대해 말씀하신 것은 결코 혼자만의 생각이 아닐 겁니다. 전 평생 아버님의 덕을 보며 살았습니다. 제가 학생시절에 가족 모두가 정치사건에 휘말려 5년 동안 감옥살이를 한 적이 있습니다. 그 일로 저는 많은 것을 배우게 되었지요. 만약 아버지가 아니었다면 제가 이렇게 소중한 경험을 어디서 얻었겠습니까? 그러니 아버지의 덕을 본 것이지요. 정치적인 부분은 제가 아니라 따리엔 시민들에게 묻는 것이 옳다고 생각합니다. 한 가지 말씀드리고 싶은 것은 저는 따리엔 시민이 직접 선출한 시장이라는 겁니다. 따리엔 시민들이 자신의 권리를 가지고 장난하지는 않을 테니까요."

답변을 들은 참석자들은 이 젊은 시장을 다시 보게 되었다. "아버지의 덕을 보다"라는 말을 재치 있게 받아서 상대의 입을 다물게 한 그의 발언은 깊은 인상을 남겼다.

어수룩해 보이는 농담의 고수

보시라이는 놀라운 달변가이다. 버튼을 누르면 대답하는 기계처럼 거침없는 그의 대답 속에는 번뜩이는 기지가 살아 넘친다. 한 기자회견에서 그가 한 말을 보자.

기　　자 : 따리엔은 정말 아름답네요.

보시라이 : 겉만 번드르르하죠.

기　　자 : 온통 초록빛이군요.

보시라이 : 그냥 풀만 좀 심었어요.

기　　자 : 높은 빌딩이 많이 들어섰네요.

보시라이 : 다 외국 사람들이 지은 겁니다.

기　　자 : 몇 년 사이에 도시전체가 화원처럼 변했네요. 시장님 대단하십니다.

보시라이 : 그런 과찬을 듣기에는 낯짝이 얇은 편이오.

기　　자 : 고생이 많으셨겠네요.

보시라이 : 뭐 견딜 만합니다.

기　　자 : 시장님 키가 꽤 크십니다.

보시라이 : 머리 나쁜 사람들이 키가 크다고 하더군요. 자, 그럼 여기 오신 여러분을 환영하는 마음에서 따리엔의 바닷바람을 무상으로 제공하겠습니다.

사람들이 웃느라고 회견장 전체가 들썩거렸다.

어느 날 그가 '캐논배' 일어경시대회에서 축사를 하게 되었다.

"여러분, 안녕하세요. 제가 좀 늦었죠. 사실 일찍 왔어도 별 쓸모가 없었을 것 같네요. 저는 일어를 못하거든요. (웃음) 뤼완샨(呂万山)회장님과 장부닝(張步寧)주임님께 감탄했습니다. 일어를 아시는 것 같더군요.(폭소) 제가 현장에 와서 보니 두 가지 상반된 생각이 들었습니다. 이렇게 많은 분들이 일어를 배우는데 나도 배워야 하지 않을까 하는 고민과, 또 하나는 여기 있는 분들이 다 통역관인데 뭐 하러 일어를 배우나 하는 것입니다."(폭소)

이 언어의 달인은 몇 마디 농담으로 그 곳 사람들을 모두 자신의 팬으로 만들어 버렸다.

총지휘자가 앉아 있질 못하다

따리엔의 싱하이완 전시센터(星海灣國際會議展覽中心)에서 궐기대회가 열렸다. 그런데 대회 진행 중간에 의자가 넘어가면서 센터장이 뒤로 나동그라지는 사고가 발생했다. 매우 난감한 상황에서 보시라이가 말했다.

"오늘 궐기대회에 결심들이 대단해 보입니다. 보십시오. 센터장이 이미 앉아 있질 못하지 않습니까?"(폭소)

보시라이의 순발력 있는 임기응변으로 센터장은 난처한 상황을 모면했고, 행사에 참가한 이들의 사기도 올릴 수 있었다.

시장 위의 시장

보시라이와 그 직원들의 관계는 아주 좋은 편이었다.

"나는 샨시(山西)사람이고 인색한 편입니다. 사람들과 친해지기보다는 존경받는 시장이 되어야 합니다. 일만 제대로 하면 사람들이 따라오게 되어 있지요. 내가 미움을 산다고 해도 괜찮습니다. 사람들이 가장 싫어하는 것은 비판이 아니라 아귀다툼이니까요."

한 번은 쮸앙허(庄河)시에 시찰을 가서 부시장을 만났다. 부시장은 보시라이에게 보여야 할 보고서를 준비 중이었다.

"부시장님을 뵐 때마다 저는 긴장이 됩니다. 내가 시장인데 당신은 관(管)시장(쮸앙허시의 부시장이 管씨임)이니 대출을 해드려야겠군요."

보시라이의 말에 부시장이 말했다.

"저는 그저 작은 성을 책임질 뿐 큰 시에는 관여할 수가 없죠."

잠시 후에 그는 진지한 얼굴로 보시라이에게 진심을 보여 주었다.

"저는 제 어머님의 웃음과 풍작을 바라며 이 일을 합니다."

보시라이와 함께 있다 보면 사람들은 자연스럽게 속내를 털어놓았다. 이때, 보시라이는 자연스럽게 본연의 목적을 드러내고 앞으로의 목표를 제시해 주었다. 그리고 상대방은 보시라이의 말에 따라서 혼신의 힘을 다해 기대치를 만들어냈다.

유머의 4가지 장점

건강한 유머는 다음의 네 가지 작용을 한다.

유머는 심신을 건강하게 만든다

철학이 깃든 유머는 유쾌할 뿐 아니라 우리에게 생각할 수 있는 기회를 준다.

독일의 시인 하이네(Heinrich Heine)가 창작에 몰두하고 있을 때 하인이 들어왔다. 절친한 친구 메이어의 소포가 온 것이었다. 그는 소포를 뜯었고 그 안에서 작은 종이 한 장을 보았다.

"친애하는 나의 친구 하이네, 나는 건강하게 잘 지내고 있다네. 마음으로부터의 안부를 전하네. 당신의 메이어."

이 글을 읽은 하이네는 너무 유쾌해졌다. 그는 갑자기 모든 피로가 사라지는 기분을 느꼈다. 하이네는 비록 자신의 창작을 방해하긴 했지만 잠시나마 즐거움을 준 친구에게 보답을 하기로 했다.

며칠 후, 메이어는 하이네의 소포를 받았다. 그 소포는 너무 무거워서 집으로 가져오기가 힘들 정도였다. 어쩔 수 없이 사람을 구해 집까지 가져와서 풀러보니 그 안에는 큰 돌이 들어 있었다. 돌 위에는 종이가 붙어 있었다.

"친애하는 메이어, 편지 잘 받았네. 자네가 건강하게 잘 지내고 있단 소식에 나는 마음속 커다란 돌 하나를 내려놓았다네. 나의 애정의 증표인 이 돌을 자네에게 선물하네."

유머는 우호적인 인간관계를 만들어 준다

우호적인 유머는 바람직한 인간관계를 만들기 위해 꼭 필요하다. 특히 불만을 말할 때에도 유머를 곁들이면 듣는 상대는 그리 기분 나빠하지 않는다. 이 외에도 타인을 설득하거나 사람들 사이의 긴장관계를 푸는 데에도 유머는 특효약이다.

영국의 극작가 버나드 쇼(Shaw, George Bernard)는 길을 걷다가 자전거와 부딪쳐 넘어졌다. 자전거 주인은 얼른 그를 부축하며 사과했다. 그러자 버나드 쇼가 아쉽다는 듯이 말했다.

"운이 나쁘군요. 만약 조금 전에 내가 죽었다면 아마 당신은 유명해졌을 겁니다."

그가 한 말 속에는 상대에 대한 관용이 담겨 있다. 매우 곤란한 상황에서 상대방을 편하게 해 준 것이다.

한번은 그의 척추에 문제가 생겨 병원을 찾았다. 의사는 몸의 다른 부분에 있는 뼈를 추출해서 척추에 넣자고 했다. 그런데 수술비용이 만만치가 않았다. 듣기만 하던 버나드 쇼는 유머러스한 말을 던졌다.

"근데 실험용 수술비가 얼마인지 좀 알려주시오."

결과가 확실하지 않은 수술을 앞두고 이런 농담을 할 수 있었던 버나드 쇼의 큰 배포는 그저 놀라울 따름이다.

유머는 자신을 격려하는 작용을 한다

유머는 우리에게 용기를 주어 곤경에서 벗어날 수 있게 한다. 유머 감각을 갖추지 못한 사람은 감정을 조절하는 것이 서툴다. 그러므로 정신을 건강하게 하기 위해서도 유머감각은 꼭 필요하다.

패러데이(Michael Faraday)는 근대 전자기학의 창시자이다. 당시에는 전자기이론과 그 이용범위를 아는 사람이 드물었다. 그래서 종종 해프닝이 발생했다. 전자반응이론의 강연을 마친 패러데이에게 한 귀부인이 질문을 던졌다.

"교수님이 강의한 내용은 대체 무슨 용도로 쓰일 수 있는 건가요?"

패러데이가 대답했다.

"부인께서는 방금 태어난 아이가 자라서 어떤 사람이 될지 미리 알 수 있습니까?"

만약 패러데이가 정면으로 대답했다면 누구의 동의도 얻지 못했을 것이다. 또 문제를 회피했다면 그의 이론은 절대로 신뢰를 얻을 수 없었을 것이다. 하지만 그는 현실의 문제를 직시했고 관용으로 상대방을 깨우쳤다.

에디슨이 백열전구를 발견하려고 애쓸 무렵 주변 사람은 그를 비웃었다.

"이미 1200번이나 실패했잖소."

에디슨이 웃으며 대답했다.

"난 1200개의 재료가 필라멘트를 만드는 데 적합하지 않다는 사실을 알았을 뿐이오."

훗날 이 말은 매우 유명해졌다. 에디슨은 웃음과 유머로 자신이 직면한 문제를 극복했고 스스로를 격려했다. 결국 에디슨은 전구를 발명하는 데 성공했고 세상의 모든 어둠을 빛으로 바꾸었다.

유머는 곤경을 딛고 일어서게 한다

유머는 곤경에서 헤쳐 나올 힘을 주고 창조적으로 문제를 해결할 수 있게 한다.

《파우스트》를 쓴 독일의 대문호 괴테(Goethe, Johann Wolfgang von)는 산책을 하던 중 이전에 자신을 신랄하게 비평했던 평론가가 자신을 향해 걸어오는 것을 보았다. 그런데 이 골목은 한 사람이 간신히 지나갈 정도로 매우 좁았다. 그 평론가가 큰 소리로 외쳤다.

"난 한 번도 바보 같은 사람에게 길을 양보한 적이 없소."

"저는 항상 저보다 못한 사람에게 길을 양보하지요."

괴테는 이렇게 말하고는 만면에 미소를 띤 채 옆으로 비켜섰다. 훗날 이 얘기는 많은 사람들의 입으로 퍼졌다. 그의 이 유머전술은 중국 태극권의 '유연함으로 강함을 이긴다' 와 닮아 있다.

한 신사가 식당에서 수프를 주문했다. 그런데 그 속에 파리가 빠져 있는 게 아닌가? 그는 직원을 불러서 비꼬듯이 물었다.

"이게 내 수프에서 뭘 하고 있는 겁니까?"

한참 동안 수프 그릇을 쳐다보던 직원은 이렇게 대답했다.

"지금 헤엄을 치고 있군요."

그 직원의 재치 있는 응수에 식당 안의 고객들은 배꼽을 쥐고 웃었다. 이런 상황에서는 아무리 죄송하다고 한대도 고객의 분노를 사기 십상이다. 그러니 적절한 유머로 분위기를 부드럽게 만들어라.

한 고객이 유명한 식당에 들어와 새우요리를 주문했다. 그런데 요리가 나오고 보니 이 새우의 집게 하나가 없었다. 그는 사장을 불러 따졌다. 사장은 정중하게 머리를 조아리며 말했다.

"죄송합니다, 손님. 새우는 매우 잔인한 동물인지라 다른 녀석과 싸우다가 집게 한쪽을 물린 것 같습니다."

이 말을 들은 손님은 웃으면서 말했다.

"그럼 싸움에서 이긴 녀석으로 주세요."

고객과 사장은 유머로 상대에게 상처를 주지 않고 자신의 입장을 전달한 것이다. 그래서 식당은 명성을 떨어뜨리지 않으면서 고객의 이익도 지킬 수 있었다.

농부에게 개 한 마리가 미친 듯이 달려들었다. 그는 어쩔 수 없이 쇠스랑으로 그 개를 때려주었다. 그러자 개 주인은 소송을 걸어 배상을 요구했다. 법정에서 판사가 물었다.

"당신이 그 쇠스랑을 거꾸로 들어서 때렸다면 아무 일도 없었을 텐데요?"

그러자 농부는 기다렸다는 듯이 응수했다.

"맞습니다, 판사님. 만약 그 개가 거꾸로 달려왔다면 저도 그렇게 했겠지요."

결국 농부는 무죄판결을 받고 집으로 돌아갈 수 있었다.

이처럼 당신에게 급박한 문제가 생겼을 때일수록 유머러스한 말로 위기를 모면할 수 있다.

양란이 계단에서 넘어지다

《정대종합예술》의 진행을 맡고 있을 때 양란은 광저우의 텐허체육센터의 연출진행으로 오라는 제의를 받았다. 연출파티가 끝나갈 무렵 그녀는 계단에서 떨어졌다. 생각만 해도 민망한 상황이지만 양란은 침착하게 특유의 어조로 말한다.

"정말 사람은 실족을 하고 말은 실굽을 하는군요. 방금 사자가 공굴리는 묘기가 어땠나요? 보아하니 이번 무대에서 내려오기 쉬울 것 같지 않네요. 다음 무대는 더욱 재미있을 겁니다. 같이 보시죠."

양란의 이 말은 스스로를 곤경에서 탈출하도록 했을 뿐 아니라 오히려 그녀의 비범함을 돋보이게 만들었다. 관중들은 그녀에게 열렬한 박수와 환호를 보냈다.

자기 변화의 기술

"세상일은 뜻대로 되지 않는다"라는 말이 있다. 하지만 마음을 잘 다스리면 상황이 나빠도 웃어넘길 수 있게 되어 평안을 얻을 수 있다. 어려움에 대처하는 태도를 보면 그 사람의 됨됨이와 도량을 알 수 있다. 도량이 넓은 사람은 자신의 위업을 달성할 수 있다.

그리스의 대철학자 소크라테스는 악처를 둔 것으로 유명했다. 그녀는 결혼 전부터 악명이 높았지만 소크라테스와 결혼했다.

하루는 싸움을 견디다 못한 소크라테스가 집을 나서려고 했다. 문

앞에 다다랐을 때 부인이 물을 끼얹는 바람에 그는 홀딱 젖어버렸다. 하지만 이런 상황에서도 그는 차분하게 말했다.

"천둥번개가 친 후에는 반드시 비가 내리는 법이지."

이처럼 너그러운 사람이 또 있을까!

링컨의 부인도 악독하기로 유명했다. 어느 날 열두세 살 된 신문배달 소년이 신문을 좀 늦게 가져왔다. 그걸 본 링컨의 부인은 호통을 쳤다. 신문사로 돌아온 아이는 그녀의 집에 다시는 신문을 돌리지 않겠다고 결심했다. 신문사 사장이 이 일을 링컨에게 전했다. 그러자 링컨은 대수롭지 않은 듯 말했다.

"뭘 그런 일로 흥분하십니까? 난 십수 년을 참았는데. 한두 번 욕먹는 것이 무슨 대수입니까?"

'새옹지마(塞翁之馬)'라는 말이 있다. 과거에 링컨의 동료였던 헨튼의 기록에 따르면, 링컨이 대통령이 된 공은 그 부인에게 있다고 했다. 헨튼의 책에 따르면 링컨과 동료들은 주말마다 술집에 모여 모임을 가졌는데 링컨이 집에 갈 시간만 되면 뭉그적거렸다는 것이다. 훗날 링컨이 뛰어난 화술을 갖게 된 것은 모두 이 술집에서 배운 게 아닐까?

소크라테스는 집에서 조용히 책을 읽을 수가 없었다. 그래서 그는 매일 같이 시장이나 길에서 공부했다. 이 때문에 "유행파 철학자"가 생겨났다. 그들은 서원이 아니라 길에서 토론을 벌였다. 이 학파의 형성에 가장 큰 공을 세운 사람은 아마 소크라테스의 부인일 것이다.

대중을 현혹한다는 죄목으로 독약을 먹으라는 선고를 받은 소크라테스는 친구들이 지켜보는 가운데 또 하나의 명언을 남기고 죽었다.

"내가 수탉 한 마리를 빚졌소."

그는 사람들에게 그 닭을 돌려주라고 부탁했다. 사형을 선고받고 감옥에서 쓴 소크라테스의 편지는 이 일파의 또 다른 품격을 보여 준다.

"땅콩과 두부피는 친척이요, 고기냄새가 많이 나거든요"

스페인의 봅이 죽기 직전 그의 친구가 임종을 지켜보러 왔다. 숨이 넘어갈 듯한 봅을 두고 친구는 끊임없이 말했다. 참다 못한 봅이 한 마디를 내뱉었다.

"미안합니다. 내가 곧 죽겠군요."

말을 마친 그의 숨은 이미 멎어 있었다.

최후의 날에 예수는 신도들과 긴 대화를 나누었다. 십자가에 매달리기 직전 예수는 "아버지, 저들을 용서하십시오. 그들은 지금 무슨 일을 하고 있는지 모릅니다."라고 말하며 죄를 대신 빌어 준다. 이 마지막 기도는 예수의 '주는 자는 받는 자보다 행복하다' 는 생각을 보여 준다.

말을 잘하면 장사도 잘된다

화장품회사의 판촉전에서 몇 명의 영업사원들이 매우 프로다운 면을 보였다. 상품의 소개는 물론 고객의 질문에도 술술 대답했기 때문이다. 이런 광경은 사람들에게 깊은 인상을 남겼다.

소 비 자 : 이 제품의 효과가 정말 광고에서 나온 그대로인가요?

영업사원 : 써 보시면 광고보다 더 좋다는 것을 아시게 될 겁니다.

소 비 자 : 썼는데도 좋지 않다면 어떻게 하죠?

영업사원 : 그런 경우를 한 번 봤으면 좋겠네요.

판촉행사는 대성공이었다. 많은 상품이 팔렸으며 브랜드 인지도도 대폭 향상되었다. 회사에서 회의를 할 때 사장은 사원들의 화술이 판매를 성공적으로 이끌었다고 말했다. 그리고 모든 구성원들에게 이들처럼 '대화의 기술'을 익히라고 지시했다.

영업사원에게 언어는 고객과 소통하는 매개체이다. 모든 영업활동이 언어로 시작되고 발전하기 때문이다. 그래서 언어교류는 영업의 시작이며, 서두를 어떻게 여느냐가 계약의 성패를 가른다.

한 영업사원이 상점에 들어갔다. 자신을 맞이하는 부사장의 말을 듣고 나서 그는 이렇게 말했다.

"말투로 보니 북경 사람이시군요."

부사장은 고개를 끄덕이고는 물었다.

"그럼 그쪽도 북경에서 자랐나요?"

"아닙니다. 전 다만 북경을 아주 좋아합니다. 베이징 발음을 들으면 나도 모르게 기분이 좋아져요."

이들의 대화는 매우 순조로웠고, 계약도 잘 진행되었다.

상황에 적절치 못한 말은 상대를 곤란하게 해서 부정적인 인상을 남기기 쉽다. 그러므로 영업을 할 때는 그 정도를 잘 가늠해야 한다.

고객과 대화할 때도 상대방에게 친근감 있는 언어를 사용해서 마음의 벽을 허물어야 한다. 상대의 마음을 움직이지 못하면 일을 수행하기가 힘들다.

한 사람이 손에 신발을 든 채 잔뜩 화난 표정으로 상점에 들어섰다. 때마침 신발공장 사원이 상점시찰을 나와 있다가 그 말을 듣고 한 마디 던졌다.

"이런 신발을 샀다면 저라도 화가 났겠어요."

자신의 입장을 이해해 주는 듯한 이 말에 고객의 분노는 사그라졌다. 결국 처음에는 환불을 요구하려던 그 고객은 다른 것으로 교환해 가기로 했다.

영국의 계몽주의 사상가 베이컨은 "말을 잘하는 사람은 유머러스하다"라고 말했다. 유머를 사용하는 것은 직설적인 말을 못해서가 아니라, 완곡하고 함축적인 방식으로 전달하기 위해서이다.

제2차 세계대전이 끝난 뒤, 영국의 수상 처칠이 미국을 방문했을 때의 일이다. 미국에 대한 첫인상을 묻는 질문에 그는 이렇게 대답했다.

"신문은 너무 두껍고 화장지는 너무 얇네요."

순간 사람들은 모두 웃었지만 그 속에 담긴 날카로운 진의를 발견할 수 있었다.

모기약을 판매하던 영업사원의 유창한 말은 많은 고객의 시선을 끌었다. 갑자기 누군가 질문을 던졌다.

"이 살충제가 어떤 모기라도 죽일 수 있다는 보장이 있습니까?"

그러자 영업사원은 재치 있게 대답했다.

"아니오. 모기약을 뿌리지 않은 곳의 모기는 여전히 잘 살 겁니다."

그의 말을 들은 손님들은 앞다투어 이 살충제를 구매했다.

판촉을 할 때 유머를 사용하면 분위기를 새롭게 할 수 있다. 또, 감각적인 카피가 되도록 유머를 잘 사용하면 고객에게 깊은 인상도 남길 수 있다.

유머의 여섯 가지 기술

제1초식 : 교묘함 겨루기

작가 리우샤오탕(劉紹棠)은 강연에서 학생들의 많은 질문에 솔직하게 답하는 것으로 유명하다. 하루는 강연을 마친 그에게 한 여학생이 이렇게 질문했다.

"문학이 진실을 반영해야 한다면서 선생님은 왜 그렇게 하지 않으시나요? 우리사회의 어두운 부분이 없다는 건가요?"

이 질문에 리우샤오탕은 잠시 생각하다가 그 학생에게 되물었다.

"사진 찍는 걸 좋아합니까?"

학생이 고개를 끄덕이자 그는 반문했다.

"사람도 예쁠 때가 있고 추할 때가 있죠. 그럼 어째서 사람들은 예쁜 모습만 남기고 싶어 할까요?"

그의 말에 주변사람들도 웃고 말았다. 여학생의 예리한 질문에도 긴장치 않고 유머로 대답한 그의 말 속에는 자신의 관점이 명확히 드러난다.

> 초식요령 : 사람들의 질문에 곧이곧대로 대답하면 듣는 이를 만족시키기 어렵다. 현명한 사람은 아리송한 대답을 하면서 상대를 자신의 기술에 말려들게 한다. 그 다음은 오묘한 말을 사용해서 상대를 제압한다.

제2초식 : 형세의 이점을 이용하기

영국의 대문호 버나드 쇼의 희곡 〈무기와 인간〉 첫 공연이 성황리에 끝났다. 관중들이 버나드 쇼에게 커튼콜을 요구했다. 그가 무대로 나와 인사를 하자 어떤 사람이 고함을 쳤다.

"버나드 쇼! 당신 작품은 쓰레기야! 볼 필요도 없어! 공연을 중단해!"

순식간에 공연장은 냉랭한 분위기가 되었다. 그러자 버나드 쇼가 웃으며 말했다.

"말씀 잘하셨습니다. 저도 그렇게 생각하고 있습니다. 그런데 유감스럽게도 당신과 나, 우리 두 사람을 제외한 모든 관중이 이토록 간절히 원하는 공연을 중지시킬 수 있겠습니까?"

좌중은 웃음바다가 되고 관중들은 버나드 쇼에게 큰 박수를 보냈다. 그리고 호통의 주인공은 어디론가 사라져 버렸다.

도전자의 모욕에 한 발 물러섰지만 그는 체면을 지켰고 품위도 잃지 않았다. 버나드 쇼는 이때 자신의 임기응변 능력을 보여 주었으며 관중의 지지를 이용하는 기술을 펼쳤다. 도전자를 관중들과 대립점에 서게 해서 '낙동강 오리알' 신세로 만든 것이다.

초식요령 : 논쟁할 때 청중의 반응에 주의하라. 청중의 지지를 끌어내어 유리한 지형에 서서 적을 몰아내는 기술을 펼 수 있다. 군중의 힘을 빌리면 상대의 중압감이 커져서 상대가 당신을 공격하기 어려워진다.

제3초식 : 바보로 가장하기

미국의 전 대통령 윌슨이 뉴저지 주를 방문하여 주지사를 만나고 있을 때 워싱턴에서 전화가 왔다. 그의 친구였던 뉴저지 의원이 죽었다는 소식이었다. 윌슨은 모든 일정을 취소했다. 몇 분 뒤 그는 뉴저지 주의 정치가에게서 걸려온 전화를 받았다. 그 사람은 이렇게 말했다.

"주지사님, 제가 그 의원의 자리를 대신하고 싶습니다."

그러자 윌슨은 천천히 대답했다.

"관 속의 자리라도 동의하신다면 나는 찬성입니다."

그 정치가가 바란 것이 정치적 지위임을 윌슨이 모를 리 없었다. 그럼에도 그는 일부러 바보 같은 척을 하면서 그 정치가가 원하는 자리를 "죽어 있는 자가 누워 있는 곳"이라고 표현한 것이다. 이것은 권력을 탐했던 그 사람에게 아주 뼈 있는 말이 되었다.

한 작가지망생이 자신이 쓴 시를 들고 신문사의 편집자를 찾아갔다.

"이 시는 본인이 쓴 겁니까?"

그는 당당하게 자신이 썼다고 대답했다. 편집자는 진지한 말투로 대꾸했다.

"타고르 선생, 당신을 뵙게 되어 영광입니다. 저는 선생님이 이미 오래 전에 저 세상에 간 줄 알았지 뭡니까?"

타고르의 시를 모방한 그에게 "당신의 시는 표절한 것이니 발표할 수 없소."라고 하면 뭔가 부족한 듯 보인다. 이 편집자는 남의 작품을 베낀 그 사람에게 유머의 형식을 빌려 따끔한 비판을 한 것이다.

초식요령 : 동문서답처럼 고의적으로 상대방의 말을 못 알아들은 척한다. 이 때 언어의 이중성을 이용하라. 이 방법은 예상 밖의 반향을 불러 올 수 있다.

제4초식 : 돌려서 공격하기

팽옥천(彭玉泉)이라는 관리가 있었다. 어느 날 그는 평범한 마을을 지나고 있었다. 그런데 그때 한 여자가 대나무에 옷을 말리려다가 그만 팽옥천의 머리에 나무를 쓰러뜨리고 말았다. 팽옥천은 무척 화가 났다. 그가 관원이란 걸 알아본 여자도 당황한 기색이 역력했으나 이내 정색을 하고 말했다.

"인상이 험한 걸 보니 거리 불량배처럼 보이는군요. 내가 팽옥천에게 고해 바치기 전에 얼른 도망가는 것이 좋을 거예요. 그는 아주 청렴하고 강직한 관리거든요."

자신의 칭찬을 들은 팽옥천은 기분이 좋아져서 아무 일도 없다는 듯 돌아갔다.

이 여자는 자신의 실수로 팽옥천을 화나게 했지만 긴장하지 않고 잘 대처했다. 그것은 표면상으로 칭찬을 한 것으로 보이지만 사실 그의 좁아터진 도량을 돌려서 말한 것이다.

초식요령 : 당신보다 지위가 높은 사람과 대화할 때는 돌려서 말할 줄도 알아야 한다. 매번 직설적으로 말하면 당신의 앞날이 결코 순탄치 않을 것이다. 여기에서 소개한 '돌려 말하기'는 바로 위와 같은 상황에 유용하다.

제5초식 : 성동격서(聲東擊西)

어떤 부부가 있었다. 아내는 노래하기를 좋아했지만 그 실력은 형편없었다. 하루는 그녀가 혼자서 흥에 겨워 노래를 시작했다. 그런데 남편이 슬그머니 문가로 다가와서 서 있는 게 아닌가. 이상하게 생각한 아내가 물었다.

"당신 왜 거기에 서 있어요?"

그러자 남편이 대답했다.

"내가 당신을 때리는 게 아니라는 걸 이웃들에게 보여주는 거야."

이내 남편의 뜻을 알아차린 아내는 울 수도 웃을 수도 없었다. 이때, 남편의 대답이 바로 "성동격서"이다.

초식요령 : '성동격서'의 기술은 같은 뜻이 담긴 다른 언어로 표현하는 것이다. 말속에 또 하나의 뜻이 있는 이 기술의 용도는 무궁무진하다.

제6초식 : 또 다른 방법을 찾아내라.

제나라의 경공은 사냥을 매우 즐겨했다. 매번 그는 자신의 매를 이용해서 사냥물을 가져오곤 했다.

하지만 촉추(燭鄒)의 실수로 매가 날아가 버렸다. 화가 난 경공은 촉추를 참수하라고 명했다. 이 소식을 들은 안자(晏子)가 찾아와 아뢰었다.

"촉추는 큰 죄를 세 가지나 지었는데 어떻게 이렇게 쉽게 죽이려 하십니까? 제가 죄목을 하나하나 따진 후에 죽이셔도 늦지 않을 겁니다."

경공이 그러라고 하자 안자는 촉추를 가리키며 엄하게 꾸짖었다.

"촉추, 네가 부주의해서 왕이 기르는 매를 날려 보낸 것이 첫 번째 죄목이다. 또, 새 한 마리 때문에 왕이 사람을 죽이게 만든 것이 너의 두 번째 죄목이다. 마지막으로, 널 죽이고 나면 천하의 제후들이 왕께서 군사보다 새 한 마리를 더 중시한다고 욕할 것이니 이것이 너의 세 번째 죄목이다."

안자의 말을 듣고 있던 경공은 "그만하라, 내가 너의 뜻을 알았다."라고 말했다. 안자는 촉추를 구하려는 의도를 겉으로 드러내지 않고 세 가지 죄목을 통해 그를 구했다. 또한 직접적으로 경공의 잘못을 드러내지 않으면서 그의 체면도 지켜주었으니 이게 바로 '일석이조'가 아닌가.

초식요령 : 타인의 잘못을 말하다가 자존심을 다치게 하는 경우가 있다.

이 방법을 사용하면 그런 문제를 걱정할 필요가 없다.

 말을 잘하는 사람은 유머감각이 있는 사람이다.

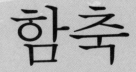

CHAPTER.6

함축과 완곡한 표현은 성숙함을 나타낸다. 중국인은 함축을 중시해서 직접 말하기보다는 짧은 표현으로 심오한 뜻을 전한다. 함축적 표현

은 그 사람의 언어적 교양을 드러낸다. 같은 뜻이라도 직접적으로 말하지 말고 함축적으로 표현한다면, 청중은 그것을 더욱 편하게 받아들

일 수 있다. 따라서 함축적인 표현은 타인을 설득하는 데 아주 유용한 방법이다.

☁ 시가를 선물한 찰스 슈워브 ☁

찰스 슈워브(charles Schwab)가 미국 철강공장에서 근무할 때의 일이다.

어느 날 오후, 찰스는 '흡연금지'라는 푯말 아래에서 담배를 피우는 직원들을 보았다. 그는 직원들에게 다가가 자신의 시가를 하나씩 건네고는 이렇게 말했다.

"이 시가를 밖에 나가서 피워 주면 좋겠군요."

직원들은 곧바로 자신들이 규정을 어겼다는 사실을 알았고, 동시에 찰스에 대한 경외심이 들었다. 만약 당신에게도 이런 상사가 있다면 좋아하지 않을 수가 있겠는가?

함축적 비판이 효과적이다

사람들은 보통 상대를 비판할 때 긍정적인 말을 한 다음에 '그러나' 라는 말을 써서 지적한다. 예를 들어보자. 한 아버지가 아이에게 말했다.

"잭, 이번 학기에 성적이 올랐더구나. '그러나' 좀 더 노력한다면 이보다 더 좋은 성적은 낼 수 있을 게다."

'그러나' 라는 말을 듣기 전에 잭은 기뻤을지 모르지만 그 이후에 그는 칭찬의 진실성마저 의심했을 것이다. 잭에게는 앞의 칭찬이 뒤에 오는 비판을 위한 것이라 생각되었기 때문이다. 사실 '그러나' 라는 표현보다는 '게다가' 라는 긍정적 표현을 쓰는 게 더 좋다.

"잭, 이번 학기에 성적이 올랐더구나. 게다가 다음 학기에 더 노력하면 분명 성적이 더 좋아질 거야."

이렇게 말하면, 자신의 작은 노력에 기뻐하는 부모를 보고 아마도 잭은 더 열심히 공부하게 될 것이다.

1897년 3월 8일, 미국의 위대한 웅변가이자 목사였던 헨리(Henry George)가 별세했다. 그는 '세상을 변화시킨 인물' 이라는 평을 받았을 정도로 영향력 있는 사람이었다. 그를 기념하는 행사가 열렸고 레만 알버트(Lehman Albert)가 연설을 맡게 되었다.

알버트는 원고를 몇 번씩 고쳐 보고는 최종적으로 부인에게 보여 주었다. 만약 그 글이 맘에 들지 않았다면 대부분의 부인은 이렇게 말했을 것이다.

"레이몬드, 이런 강연을 하면 모두 졸릴 거예요. 무슨 백과사전 읽는 것 같잖아요. 어떻게 이렇게 쓸 수가 있어요? 그냥 자연스럽게 해봐요."

하지만 그녀는 이렇게 말했다.

"레이몬드, 이 원고는《북미평론》에 보내면 아주 잘 어울릴 것 같네요."

그는 아내의 뜻을 알아차렸다. 그래서 그는 원고를 찢어버리고 그 이후부터는 아예 적지 않았다. 상처를 주지 않고 상대를 변화시키는 방법은 칭찬과 암시를 동시에 쓰는 것이다.

함축과 완곡한 표현

함축은 깊이 있는 내용을 간결하게 표현하는 방식이다. 그것은 아무것도 말하지 않는 것 같지만 사실 모든 것을 담고 있다.

처칠(Churchill, Winston Leonard Spencer)의 한 마디는 깊은 인상을 남긴다.

"영국은 모든 전투에서 질 수 있지만, 최후의 전투에서는 반드시 승리할 것입니다."

이 말은 영국의 힘을 함축적으로 표현한 것이다.

외교관을 보면 경외심이 들 때가 있다. 공무수행 중에 그들은 일상 생활과 거리가 먼 장중한 말을 주로 쓴다. 하지만 실제 생활에서는 함축적인 표현을 즐겨 쓴다. 그처럼 두 가지를 모두 병행하기란 쉬운 일이 아닐 것이다. 완곡한 표현이란 화자가 자신의 생각을 함축적 단어나 문장으로 말하는 것을 뜻한다.

링컨은 책상에 놓인 복잡한 보고서들을 보고 너무 갑갑해졌다. 그는 사람들이 받아들이기 쉬운 그림 형식의 글을 써서 이렇게 말했다.

"당신이 말을 사러 갔는데 말의 꼬리털이 몇 개인지 시시콜콜 따지는 주인을 보면 어떻겠습니까? 난 핵심만 알고 싶은 겁니다."

완곡한 표현에는 세 가지가 있다.

은폐식 : 완곡한 어휘로 사람들을 비판하는 방법

차용식 : 사물의 특성을 빌려서 문제에 답하는 방법

결합식 : 함축적 언어와 다정한 어조로 자신의 의견을 피력하는 방법

　　　　(돌려 말하는 방법)

언어가 내포하고 있는 의미는 매우 모호한 경우가 많다. 캘리포니아주립대학의 채드교수는 "자연적 언어를 봤을 때, 한 구절 안에 포함된 대부분의 언어는 모호한 뜻을 가진다."고 말한다. 때로는 모호한 언어를 통해서 명확한 언어로는 얻을 수 없는 효과를 볼 수 있다.

꼬리를 감추다

한 텔레비전 프로그램에서 마오쩌둥의 딸, 리민(李敏)을 인터뷰했다. 대화 도중에 "꼬리를 감추고 사람 노릇을 하다"라는 말이 나왔다. 이 말을 처음 듣는 사람은 이해가 되지 않을 것이다. 원숭이 세계에서

왕이 되면 꼬리가 펄럭이다가 새로운 도전자에게 졌을 경우에는 꼬리를 내린다는 뜻의 말이 바로 "꼬리를 감추다(夾起尾巴)"이다.

마오쩌둥은 이 말을 사람의 됨됨이에 비유했다. 그는 어느 때든지 중도를 지키라고 말한다. 항상 겸허한 자세로 교만하지 말라는 것이다. 사람은 말할 때 예의를 지키고 조심스럽게 행동해야 한다. 잘난 척하는 사람은 타인에게 외면 받을 뿐이다. 타인이 당신과 대화하기를 거절한다면 어떻게 관계를 쌓을 수 있는가?

성격이 시원시원한 사람은 말도 직설적으로 하는 경우가 종종 있다. 하지만 자신의 생각이 옳아도 말하는 방식이 잘못되었다면 타인의 반감을 살 수 있다. 같은 말이라도 말투나 태도를 달리하면 전혀 다르게 들리기 때문이다.

펑더화이(彭德懷)는 지나치게 직설적인 성격 탓에 문화대혁명 시절에 고초를 겪었다. 인간관계에서 진술한 것도 중요하지만 너무 지나치게 직설적이면 상대에게 거부감을 준다.

1959년 7월, 중화인민공화국 중앙정치국 확대회의(여산회의)기간에 펑더화이는 마오쩌둥에게 편지를 보냈다. '대약진운동(大躍進運動)'과 '인민공사화운동(人民公社化運動)' 중의 문제를 비평한 그는 결국 우경기회주의반당집단의 수령으로 몰렸다. 그리고 국방부장직을 박탈당했다. 진정한 영웅은 경솔하게 행동하지 않는다. 의도는 좋았지만 시기를 잘못 선택했기에 이런 결말을 맞은 것이다.

우리는 상대방이 흔쾌히 받아들일 수 있는 방법을 배워야 한다. 정치계에서는 직설화법을 사용해선 안 된다. 함부로 날뛰다가는 자신만 피해볼 뿐이다. 상대방의 신분과 그 시기를 주의하고 나서 의견을 제시해라. 어떤 경우에는 진실도 오해를 살 수 있다. 이런 면에서 펑더화이의 행동은 조금 어리석었다고 볼 수 있다.

이처럼 의도만 좋아서는 안 된다. 합리적이고 가능한 방법을 써야만 서로에게 도움이 된다. 직설적인 것도 때와 사람을 가려서 하라. 여러 사람 앞에서 자신의 결점을 지적당했는데 화나지 않을 사람이 누가 있는가?

"사람을 보면 사람의 말을 쓰고, 귀신을 보면 귀신을 말을 써라(見人說人話, 見鬼說鬼話)"라는 말이 있다. 이대로만 하면 불필요한 문제를 줄일 수 있다.

루쉰의 《입론(立論)》을 보면, 한 부부가 아들을 낳은 지 한 달이 지나 그 아이를 손님들에게 보여 주는 장면이 나온다. 한 사람이 축복하며 "이 아이는 돈을 많이 벌겠군요."라고 말했고, 또 다른 사람은 "아이가 크면 큰 인물이 되겠네요."라고 말했다. 그들은 부부에게 융숭한 대접을 받았다. 그런데 또 다른 손님 하나가 "이 아이도 나이 먹으면 죽게 될 거요."라고 말했다. 부부는 몹시 화가 나서 손님에게 달려들었고 그 손님은 결국 몰매를 맞고 쫓겨났다.

어떤 사람이 세 명의 친구를 식사에 초대했다. 그런데 두 사람만 왔다. 식사를 초대했던 사람은 실망한 나머지 "와야 할 사람이 오지 않았네."라고 했다. 이 말을 들은 한 친구가 화를 내며 돌아가 버렸다. 자신이 초대했던 사람이 돌아가자 그는 또 다시 무신경하게 말했다. "가지 말아야 할 사람이 가버렸네." 결국 남은 한 사람도 조용히 돌아갔다.

저우언라이의 함축과 유머

저우언라이는 외교 시에 함축과 유머를 적절히 사용해서 상대를 제압하기로 유명했다. 또, 그 말이 기지가 넘치고 예의 바른 것이라 모두가 그를 우러러 보았다. 저우언라이의 실화를 들어 보면 그의 비범한 화술을 확실히 알 수 있다.

저우언라이가 소련을 방문했을 때 환영 파티가 열렸다. 모두가 건배하는 자리에서 저우언라이는 모국어인 중국말로 "건배"를 외쳤다. 그러자 옆에 있던 소련 측 대표가 물었다.

"총리께서는 러시아어를 잘 하는 걸로 알고 있는데, 왜 굳이 중국어로 말씀하셨습니까?"

이에 저우언라이가 받아쳤다.

"그럼 저는 여러분께서 우리나라를 방문하실 때 중국어로 축배를 말씀하시길 기대하겠습니다."

또, 상대방이 중국어가 배우기 어렵다고 하자 그는 이렇게 말했다.

"오후에 대사관에 오시면 제가 기꺼이 가르쳐 드리겠습니다."

이렇게 해서 그는 신중국의 자주권을 표현했다.

서방의 지도자가 저우언라이에게 물었다

"어째서 중국인들은 도로(公路)를 큰길(馬路)이라고 합니까?"

이에 저우언라이는 대답했다.

"우리가 걷는 길이 막스레닌주의[1]의 길이지 않습니까!"

1949년 중화인민공화국을 건립하고 얼마 지나지 않아 기자회견이 열렸다. 이 때, 한 외신기자가 그에게 질문했다.

"중국에서는 과거의 악습을 몰아내기 위해 온 힘을 다하는 걸로 알고 있습니다. 그럼 현재 중국에 윤락녀가 있습니까?'

현장에 있던 사람들은 등 뒤로 식은땀이 흘러 내렸다. 잠시 후, 저우언라이는 태연하게 대답했다.

"예, 타이완에 있습니다."

저우언라이의 기지는 상대를 설복시켰고 그 임기응변 또한 감탄할 만한 수준이었다.

한번은 미국기자가 비꼬듯 물었다.

"중국인들은 길을 걸을 때마다 왜 고개를 숙이고 걷습니까? 미국인은 어딜 가든 고개를 들고 다니는데 말이죠."

저우언라이는 이렇게 맞받아쳤다.

"미국인은 비탈길을 내려가는 중이고, 우리 중국인은 지금 비탈길을 오르고 있기 때문이지요."

또, 그 기자는 총리의 사무실에 있는 미국 파커 만년필을 보고 물었다.

---

1) 馬列主義 : 馬克斯는 칼 마르크스, 列寧은 니콜라이 레닌의 중국식 표기이며 이 둘을 가리켜 馬列主義라고도 함

"총리님, 중국 인민의 자랑스러운 아들로 미국제 만년필을 사용하시다니 대체 어떻게 된 일입니까?"

"반미의 기치를 세우며 한국전쟁에 참전했던 장군이 전쟁터에서 주운 것입니다. 전리품으로 제게 준 것이죠. 의미가 큰 물건이기에 보관하고 있습니다."

총리의 말에 그 기자는 더 이상 아무 말도 할 수 없었다.

중국인은 사랑도 함축적으로 표현한다

한 청년이 열정을 담은 구애편지를 여자친구에게 보냈다. 여자친구는 미사여구만 늘어 놓은 편지를 읽고 경박하다고 생각했다. 얼마 지나지 않아서 그들은 결국 헤어지게 되었다.

한 문인이 "사랑은 한 편의 시와 같다."라고 말했다. 사랑의 정의는 사람마다 다르지만, 중국인은 사랑도 함축적으로 표현하기를 좋아한다. 사실상 동서양을 막론하고 연애에는 적당히 감추는 묘미가 있다. 함축은 평온하면서도 격렬하며 그 소박함 속에는 풍부함을 감추고 있다. 진정한 사랑이란 바로 이런 것이다. 적어도 동양 사람들에게 연애와 함축은 뗄 수 없는 관계이다.

애정을 표현하는 데는 표정, 언어, 행동, 문자, 정표의 5가지가 있다. 이 방식은 예전이나 지금이나 크게 변화가 없다. 하지만 사람에 따라 함축적으로, 열정적으로 또는 냉정하게 표현되기도 한다. 어떤

방식으로 나타나든 그 고백은 자연스럽고 진실해야 한다. 또, 표정은
온화하게, 말은 적절하게, 행동거지는 단정하게 해야 한다. 쓸데없는
허세를 부리거나 과장된 고백은 하지 마라.

중국인의 애정관은 서양과는 다르다. 중국인은 사랑이 어느 정도
무르익어야 감정을 표현한다. 자기 잘난 척을 하면서 사랑을 고백하
는 경우는 없다. 그들은 소박하고 진솔하게 자신의 마음을 표현한다.

하지만 잘 살펴보면 서양의 유명한 사람들도 자신의 사랑을 함축
적으로 표현한 예가 있다.

칼 마르크스와 예니는 오랫동안 서로를 사랑해 왔다. 하지만 누구
도 먼저 사랑한다는 말을 전하지 못하고 있었다. 어느 날 해가 질 무
렵, 두 사람은 강둑에 앉아 이야기를 나눴다. 마르크스는 예니를 주시
하며 말했다.

"나한테 사랑하는 사람이 생겼어요."

그리고 그는 예니에게 작은 상자를 주었다. 그 상자 안에는 작은 거울
이 달려 있었다. 그리고 거울이 비추고 있는 것은 볼이 발그레하게 달아
오른 예니 자신이었다. 이 극적이고 함축적인 고백은 깊은 감동을 준다.

당신이 누군가를 사랑하고 또 고백하기 어렵다면 이런 방식을 사
용해 보라. 남녀가 사랑하는 과정이란 상대에게 자신의 좋은 면을 보
여주는 과정이기도 하다. 연인 간에 사랑을 말할 때는 상대방의 마음
을 잘 파악하고 화제를 선택하는 데 신경 써라. 처음 만날 때는 주도
적으로 대화를 이끌면서 썰렁한 분위기를 빨리 없애는 것이 중요하

다. 이야기의 물꼬를 트고 나면, 상대방이 스스로 화제를 찾아서 이야기 할 수 있도록 해 주는 것이 좋다. 대화의 주제는 너무 광범위하지도 협소하지도 않은 것으로 택하라. 그리고 당신이 너무 과대 포장된 칭찬을 하면 상대도 결코 기뻐하지 않는다는 사실을 명심하라.

어떤 사람은 상대방을 몇 번 만나지도 않고 자신의 속 얘기를 몽땅 털어놓는다. 그러면 상대방은 질려버릴 것이다. 연애할 때에도 감정의 조절이 필요하다. 마르지 않는 샘물처럼 당신의 사랑을 조금씩 보여 줘라. 이것이 바로 매력만점의 중국식 사랑법이다.

듣기 좋은 말이 행하기도 좋다

충언은 꼭 써야 하는가

중국의 성인 공자(孔子)는 이런 말을 했다.

"자기 잘못에 대한 비판을 기꺼이 받아들여라(聞過則喜)"

과연 이렇게 할 수 있는 사람이 얼마나 될까?

우리가 잘 아는 속담에 "몸에 좋은 약이 입에는 쓰고, 충언일수록 귀에 거슬린다"라는 말도 있다. 그런데 왜 몸에 좋은 약은 꼭 써야 하는가? 충언은 왜 꼭 귀에 거슬려야만 하는가? 눈부신 의학발전을 이룬 지금에 와서 몸에 좋은 수많은 약의 겉에는 '설탕옷'이 입혀져 있다. 언어과학이 발전한 오늘날, 언어의 연구를 통해 귀에 거슬리지 않는 충고도 가능해졌다. 그러면 어떤 방법을 써야 좋은 약도 쓰지 않고 기분 좋게 충고할 수 있는 것인가?

어느 기업의 여직원이 실수를 했다. 사장에게 혼쭐난 그녀는 보너스마저 삭감 당했다. 그 결과 여직원은 자살을 택했다. 선생님께 억울하게 꾸중을 들은 학생은 자신의 결백을 증명하기 위해 붉은 스카프에 목을 매고 자살했다. 계속되는 아버지의 질책을 견디지 못한 아들이 칼을 휘둘러, 부자가 모두 목숨을 잃고 말았다.

비판은 처벌의 의미가 있으며 상대방에 대한 일종의 부정이다. 행동을 개선하려 한다면 비판보다는 격려의 방법을 쓰는 것이 더 좋다. 부정적인 영향을 주는 큰 '처벌'을 절대로 남용하지 마라. 상대방을 지나치게 처벌하면 원하는 목적을 이룰 수 없을 뿐 아니라 상대방을 더 비뚤어지게 할 수 있다.

따뜻한 말은 추운 겨울을 녹이고 차가운 말은 한여름도 얼어붙게 만든다. 상대방이 비판하는 게 호의에서 나온 것이라는 걸 안다면 자연스럽게 받아들일 것이다. 그런데 이런 경우는 매우 드물다. 대부분 비판을 당하는 사람은 그 호의를 적대적으로 느끼기 때문이다.

사람이 아니라 사실을 비판하라. 이렇게 하면 비판을 받는 사람의 심리적 부담도 줄어든다. 만약 날카로운 말로 상대의 결점을 지적한다면 그가 받는 상처를 다시는 회복할 수 없을 것이다. 타인을 비판할 때 끊임없이 당신에게 반문하라.

"내가 당사자에게 비판을 하고 있는가?"

"본질을 벗어난 비판을 하고 있는 것은 아닌가?"

"인신공격을 하는 것은 아닌가?"

어떻게 하면 상대가 나의 충고를 편하게 받아들일까? 언어학자들이 정리한 충고의 법칙을 읽고 좀 더 효과적으로 조언을 해 보자.

원칙 1. 진심
선의의 비판일 때 서두를 이렇게 열어 보라.
"나도 예전에 같은 실수를 한 적이 있어."
"아마 너도 어디가 잘못된 건지 몰랐을 거야."
"네가 최선을 다한 걸 알아."
진심은 통하게 되어 있다.

원칙 2. 지나간 일은 잊어라
비판할 때 지나간 일을 들추지 마라. 중요한 것은 상대에게 교훈을 주는 것이다.

원칙 3. 상대를 이해하라
실수하길 바라는 사람이 있는가? 특히, 당사자가 지나친 자괴지심에 빠져 있다면 타인의 지지와 격려가 필요하다. "많이 힘들지?", "무엇이 문제였는지 함께 알아보자.", "다음 번에는 잘할 수 있을 거야." 이러한 표현을 자주 해 줘라.

원칙 4. 절대로 질책하지 마라
질책은 인간관계를 더 열악한 상태로 몰고 간다. 이렇게 격한 상태가 되면 판단력도 흐려진다. "내가 몇 번이나 말했잖아!", "왜 자꾸 똑같은 잘못을 하니?", "넌 정말 구제불능이야." 이런 표현을 다시는 하지 마라.

원칙 5. 완곡한 암시
대놓고 하는 비판을 듣고 기분 좋을 사람은 아무도 없다. 이 때 비판은 처벌로 느껴진다. 쓴 약의 겉 표면에 있는 '설탕옷' 처럼 완곡하게 표현하라.

원칙 6. 기회와 장소를 고려하라
비판의 시기와 장소도 중요하다. 절대로 '공개비판' 을 하지 마라.

원칙 7. 대상을 파악하라

예를 들면, 자기비하가 심한 사람이 잘못을 했을 때에는 격려와 위로를 해 주는 것이 좋다. 왜냐하면 상대방이 이미 자책하고 있기 때문이다. 체면을 중시하는 사람이라면 비판과 동시에 빠져나갈 여지를 남겨주어야 한다. 말과 행동이 다른 사람이라면 괜히 물고 늘어지지 마라. 다만 그의 행동을 지켜보는 일이 중요하다.

소통이 실패하는 대부분의 이유는 입장의 차이를 제대로 인식하지 못했기 때문이다.

완곡한 비판이 관리를 개선하다

화술이 하나의 기술이며 언어의 일부이듯, 비판도 예외가 아니다. 비판은 관리방안을 개선하는 중요한 수단으로, 어떻게 비판하는지를 알면 직원들의 사기를 진작할 수도 있다. 물론 앞서 강조했듯이 이 책에서 말하는 비판이란 완곡한 비판이다.

비평은 예술이며 과학이다. 지금부터 비평의 기술을 배워보자.

1. 원칙과 목적

비판에도 원칙과 목적이 있어야 한다. 어떤 사람은 비판을 대수롭지 않게 여겨서 관리상의 혼란을 초래한다. 만약 비판을 불만스러운 감정을 쏟아내는 것이라고 생각한다면 차라리 비판기술을 사용하지 마라. 비판하는 것도 목적이 있는 행위이기 때문이다. 비판이 의도한 방향대로 흘러가지 않는다면 그것은 당신의 사업에 별 도움이 되지 않을 것이다.

관리자가 부하직원을 비판하기 전에 반드시 알아야 할 것이 있다. 직원은 당신보다 한 수 아래라는 것이다. 물론 특정 분야에서 당신보다 뛰어날지 모르지만 전체적으로는 여전히 당신이 우월하다. 비판의 목적이 무엇이며 어떤 영향을 미칠지를 미리 생각하라. 이 두 가지를 주의하면 당신의 비판은 이미 절반은 성공한 것이나 다름없다.

2. 단계적으로 실시하라

먼저, 상대방의 긍정적인 부분을 인정해 줘라. 이 장점을 동력으로 삼게 해야 한다. 그냥 다그치기만 하면 상대는 더 큰 중압감에 빠진다.

두 번째로, 미흡한 점을 지적할 때는 직접적이고 명확하게 평가해야 한다. 그리고 그의 단점이 개인과 집단에 어떤 영향을 주는지 설명하라. 단, 이 부족함은 충분히 개선할 수 있다는 확신을 줘야 한다. 당신은 구체적인 방법을 제시하지 말고 방향만 잡아주면 된다.

마지막으로 인재를 양성하라. 개인은 조직 속에서 자신이 성장하기를 원한다. 이런 기대가 있다면 설령 비판을 받는다고 해도 굴하지 않고 오히려 성장을 위한 밑거름으로 삼을 것이다.

3. 정도의 원칙

비판을 할 때 장소, 시간, 방식, 언어, 객관성을 주의하라.

4. 역효과가 생기지 않게 하라

비판을 할 경우 역효과가 생길 수 있다. 당신이 관리자라면 상대방의 충격을 최소화하고 그가 잘못을 인정할 수 있도록 해야 한다. 역효과를 피하는 방법은 앞서 강조했듯이 사람이 아닌 사건을 비판하는 것이다. 누구나 잘못을 할 수 있지만 그것이 당사자의 인간 됨됨이를 의미하는 것은 아니다. 틀린 것은 행위이지 사람이 아님을 명심하라.

5. 해결방법을 가지고 비판하라

비판을 하는 목적은 개선을 위해서다. 우리는 상대를 비판할 때 "네가 이러이러해서 잘못되었다."라고 말한다. 이와 동시에 무엇이 옳은 것인지를 함께 말해 줘야 한다. 상대방에게 당신이 잘잘못을 따지는 것이 아니라 문제를 해결하려 한다는 것을 알게 하라.

6. 체계성

비판은 심리전의 중요 수단이고 상대방의 행동을 제어할 수 있는 방법이다. 성공적인 관리자가 되고 싶다면 적절한 비판의 기회를 놓치지 말아야 한다.

비판이라는 양날검을 잘 사용하다

상사를 비판하고도 승진할 수 있을까?

여기에서 말하고자 하는 것은, 비판을 이용해서 당신의 상사에게 잘못된 점을 깨닫게 하는 것이다. 비판은 양날검과 같아서 사람을 구할 수도 죽일 수도 있다. 그것을 잘못 휘두르면 승진과 월급 인상이 모두 날아가게 된다. 반대로 당신이 제대로 검을 휘두르면 긍정적인 결과를 얻을 것이다.

그러면 어떻게 해야 완곡한 비판을 할 수 있을까? 궁금하다면 아래의 내용을 보자.

활인검(活人劍) 1. 비판 대신 확인시켜 줘라

당신이 올린 보고서를 상사가 보지도 않고 미뤄 놓았다. 해당부서에서 재촉하자, 상사는 왜 미리 말하지 않았냐면서 오히려 당신에게 화를 낸다. 이런 일을 당하면 누구라도 억울할 것이다. 자기 잘못을 당신에게 떠넘긴 상사가 정말 치사하다고 느껴질지도 모른다.

그런데 이런 문제는 늘 한 번으로 끝나지 않는다. 직급이 높으니 어떻게 할 수도 없는 노릇이 아닌가. 사실 상사도 자신의 잘못을 알고 있다. 단지 부하직원 앞에서 체면이 구겨질까봐 인정하지 않는 것이다.

이럴 때는 비판의 말을 꾹 누르고, 평소에 일의 진행 상황을 확인시켜 줘라. 마치 상사에게 관심을 가지고 있는 것처럼 행동하라. 예를 들어, 그가 또다시 결재를 미루고 있다면 당황한 표정으로 이렇게 물어 보라.

"과장님, 혹시 제가 보고서 올린 거 보셨어요? 결재가 안 되고 있는데 중간에 사라진 게 아닌가 싶어서요."

이렇게 하면 정해진 시간 안에 일을 진행시킬 수 있고 상사의 체면을 지켜주면서 당신의 중요성도 일깨울 수 있다. 일거삼득의 효과인 것이다.

활인검(活人劍) 2. 사람들 앞에서 칭찬하고, 없을 때 비판하라

언뜻 보기에는 겉과 속이 다르다는 생각이 들 수 있다. 하지만 사실은 그렇지 않다. 칭찬을 싫어하는 사람이 어디 있는가? 특히 여러 사람 앞에서 칭찬을 들으면 누구나 으쓱해진다. 반대로 비판하는 말은 남들이 없을 때 하는 것이 좋다. 그러면 상대방의 체면도 지켜주면서 당신에 대한 인상도 좋게 남길 수 있다. 이 외에도, 비판하기 전에 먼저 상대방의 입장에서 왜 그렇게 했는가를 생각해 보라. 때로는 그 사람에게 말 못할 고충이 있을 수도 있다.

한편 비판의 어조에 따라 듣는 사람의 느낌은 완전히 다르다. 비판할 때는 우선 범위를 최소화해야 한다. 자랑스러운 일도 아닌데 동네방네 떠들고 다닐 필요는 없기 때문이다. 이때, 당신의 말투가 부드럽다면 상대방이 받아들이기 더 쉬울 것이다.

주의할 점 : 비판은 불만을 털어놓는 것이 아니다

불만을 털어놓는 방식은 비판이 아니다. 선의의 비판은 상대방을 먼저 생각한다. 비판을 받은 사람은 두 가지의 감정을 느낀다. 선의의 의도로 자신을 비판한다는 것과 다른 하나는 분풀이 상대로 자신을 골랐다고 여기는 것이다. 상대가 어떤 기분이냐에 따라서 결과는 달라진다. 그러므로 '비판'이라는 무기를 사용할 때, 비판의 원인을 반드시 명심하라. 또 당신이 건설적인 비판을 하고 있음을 느끼게 하라.

주의사항 : 상사를 비판하는 일을 되도록 삼가라.

기분이 나쁘거나 안 좋은 일이 생기면 당신의 얼굴이 떠올라 그의 분노에 기름을 붓는 격이 될 뿐이다. 그러면 당신의 입지는 점점 좁아지게 되고, 급여인상이나 승진기회가 와도 상사는 결코 당신의 손을 들어주지 않을 것이다.

입 맞추고 다시 차버리기

한 가장이 도박에 빠진 나머지 가정을 풍비박산 냈다. 견디다 못한 큰아들이 아버지 면전에서 탁자를 뒤엎고 도박과 관련된 것을 모조리 태워버렸다. 그러나 아버지의 도박습관은 변하지 않았다. 둘째가 어느 날 아버지에게 다가와 물었다.

"아버지, 학교에서는 선생님을 믿고 따라야 하죠? 선생님께서 집에서는 아버지 말을 잘 들으라고 하셨어요. 그런데 아버지 말을 들으면 저는 어떻게 될까요?"

둘째의 말이 끝나기도 전에 아버지는 눈물을 흘렸다.

"네 말이 아빠를 부끄럽게 하는구나. 미안하다."

그 이후 부친은 더 이상 도박에 손대지 않았다. 큰아들은 탁자를 엎어서 아버지를 화나게 했지만, 둘째아들은 쉬운 말로 부자간의 정과 부모의 도리를 일깨워 부친의 마음을 움직였다.

중국 병법서에는 "얻고자 하면 먼저 행하라"고 말한다.

비판할 때 불만을 늘어놓지 마라. 먼저 화기애애한 분위기를 만들어라. 실수를 한 사람은 본능적으로 비판을 두려워한다. 만약 곧바로 본론으로 들어가게 되면 상대의 마음은 무겁고 답답해질 수 있다.

"입 맞춘 뒤에 차버리다(Kiss and Kick)"라는 말처럼 먼저 상대의 마음을 편하게 해 준 뒤에 비판을 시작하라. 사람들에게 진심 어린 칭찬만큼 선의의 비판도 필요하다. 칭찬은 격려지만 비판은 독촉이다. 칭찬이 햇살이라면 비판은 비와 이슬이다. 둘 중 하나라도 없어서는 안 된다. 따라서 상대방의 개선을 요구할 때는 칭찬과 비판을 둘 다 사용하라.

 말을 잘하는 사람은 함축적으로 비판하는 사람이다.

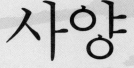

CHAPTER.7

사양

다른 사람의 부탁을 거절하지 못한 적이 있는가? "아니오"라고 말하고 싶었는데 결국, 집에 돌아와서 "그때 싫다고 말할 걸", "난 왜 솔직하게 말을 못할까"라고 후회한 일이 있을 것이다. 아무리 후회해도 이미 엎질러진 물이다. 어째서 "아니오"라고 말하지 못할까? 그 이유는 다른 사람에게 미움 받기 싫기 때문이다. 그런데 당신이 이렇게 애쓰는 것을 상대방이 알고 있을까? 그는 이미 습관적으로 당신을 이용하는지도 모른다. 그러나 원망해도 소용없다. 당신에게 "아니오"라는 말을 못하게 한 사람은 아무도 없기 때문이다. 물론 "아니오"라고 말하는 것이 쉬운 일은 아니다. 하지만 용기와 약간의 '기술과 지혜' 만 있다면 사양하기는 더욱 쉬울 것이다.

귀찮은 사람 거절하기

한 남학생이 여학생을 죽도록 쫓아다녔다. 하지만 여학생은 조금도 관심이 없었다. 여학생은 몇 번씩이나 거절했지만 그 남학생은 아랑곳없이 계속 그녀를 따라다녔다. 결국 인내심이 바닥난 여학생은 폭발하고 말았다.

그녀는 탁자를 치며 일어나서 이렇게 외쳤다.

"대체 내가 어디가 좋아서 이렇게 쫓아다니는 거야? 말 좀 해 봐. 좀 고쳐보게!"

거절하기

　홍보분야의 일을 하고 있는 여성이 동료에게 전화를 걸어 칵테일 파티에 초대했다. 이 동료는 완곡한 어조로 거절했다.

　"전 원래 그런 모임에 잘 안 가요. 그래서 아마 참석하기 어려울 것 같네요. 초대해 줘서 고마워요."

　"참석하기 어렵다고요?"

　그녀가 거듭 물었다.

　"네, 아마 그럴 거예요."

　핑계를 대면 다른 사람들은 금방 알아차린다. "점심 먹으러 올래요?" "고마워요." 그러고는 그 자리에서 대답한다. "근데 제가 지금은 시간이 없네요." 이쯤 되면 가장 걱정되는 것은 "그럼 언제쯤 시간이 되는데요?"라는 질문일 것이다.

　상대의 점심초대를 거절하고 싶다면 그 자리에서 말하면 된다. 그러나 만약 나중에 가서 취소하게 된다면 상대방이 불쾌감을 느끼지 않도록 주의해야 한다.

　거절하기 힘든 이유는 무엇일까? 바로 거절과 거절당하는 사람을 동일시하기 때문이다. 이들은 거절 때문에 상대와의 관계에 금이 가지 않을까 걱정한다. 이럴 경우에는 "인지치료[1]"를 받아들여서 사고

---

[1] 認知治療 : 일상적으로 겪는 여러 가지 사건 때문에 어떤 감정을 경험할 경우, 그 감정이 사건 자체가 아닌 그것을 해석하는 생각에 의해 결정된다고 하는 이론.

방식을 새롭게 재정립할 필요가 있다.

가장 간단한 거절 방법은 "아뇨, 감사합니다." 이다. 하지만 이렇게 대답하는 것은 예의가 아니다.

타인을 거절하지 못하는 것을 예의라고 착각할지도 모른다. 망설임 없이 타인을 거절하는 사람을 우리가 좋아하지 않는다는 사실이 이를 뒷받침한다. 그러나 그런 사람들 중에는 크게 성공한 사람이 많다. 거절을 잘 활용했기 때문이다. 그럼에도 대부분의 사람들은 예의상, 혹은 체면 때문에 상대방의 요구나 부탁을 거절하지 못하고 들어주는 경우가 있다.

공적인 업무를 거부할 때는 주의해야 한다. 만약 당신이 회사에 다니고 있다면 함부로 사장이나 상사의 요구를 거절해서는 안 된다. 사장의 말을 거절할 때는 전략이 필요하다. 그의 성격을 잘 파악하고 그에 맞게 대처해야 한다. 사장이 생각은 많이 하지만 실행에 옮기지 않는 성격이라면 그가 골치 아픈 계획을 생각했을 때 일단 동의해 줘라. 그리고 그가 잊어버리길 기다리면 된다.

사무실 근처에서 서성거리지 마라. 사람들이 당신을 찾지 못하면 당신에게 아무런 부탁도 할 수 없을 것이다. 그러면 타인을 거절해야 할 일도 자주 생기지 않는다. 이 얼마나 교묘한 방법인가? 하지만 성공하고 싶다면 이런 방법은 피하라.

모든 거절이 상대방을 난처하게 하는 것은 아니다. 누군가 당신에게 "커피 마실래요?"라고 묻는다면 당신은 "아뇨, 고마워요."라고 대답해도 된다. 그런데 많은 사람들이 이런 간단한 거절조차도 어려워한다.

아니라고 생각되면 "아니오"라고 말하라

여기 영업에 유용한 기술이 하나 있다. 고객을 처음 볼 때부터 긍정적인 대답을 유도하는 질문을 던져라. 그런 다음 구매의사를 물으면 성공할 확률이 높다. 마찬가지로 처음부터 "나는 안 돼." 혹은 "난 못해."라고 하면 스스로 부정적인 감정에 빠져들게 된다. 그렇게 되면 어떤 도전도 회피하게 되고 결국은 자신감을 잃게 될 것이다.

물론 우리는 "아니오"라고 대답하는 사람이 되지 않도록 노력해야 한다. 하지만 옳지 않은 요구를 받을 때는 그럴 필요가 없다.

"아니오"라는 말을 못해서 쉽게 아무거나 승낙하지 마라. 당신의 능력이 되는 범위 내에서 대답해야 한다. 할 수 없는 일임을 알면서도 말하지 않으면 상대는 곤란에 처하게 된다. 또, 당신도 그의 신뢰를 잃을 것이다.

30세를 갓 넘겼을 때, '20세기 폭스사'의 이사가 된 셜리(Shirley Sin)는 할리우드에서 대형 영화사의 책임자가 된 최초의 여성이다. 그녀는 어떻게 성공하게 되었을까? 그 이유는 한 번 말한 것은 반드시 행동으로 옮기고, 과감하게 일을 진행했기 때문이다.

헐리웃의 오웬 폴 라자(Owen Paul Laza)는 셜리와 함께 일한 사람들이 모두 그녀를 우러러본다고 말했다. 그에 따르면 셜리는 시나리오를 받은 즉시 읽어 보고 대답을 준다고 한다. 하지만 할리우드에는 수많은 사람이 있기 때문에 모두가 셜리 같지는 않았다. 시나리오가 맘에 들지 않을 땐 연락하지 않으면 그만이었다.

대부분의 사람들은 침묵으로 답을 대신했지만, 셜리에게 시나리오를 보내면 명확한 대답을 얻을 수 있었다. 설령 거절한다 하더라도 그녀는 그들의 부족한 점을 친절하게 짚어 주었다. 그래서 지금까지도 셜리는 할리우드의 작가들이 가장 좋아하는 제작자이다.

누군가의 요청을 거절하는 것은 결코 죄가 아니며 상대방과의 절연을 뜻하는 것도 아니다. 당신은 "아니오"라고 말하기 전에 자신의 능력을 되돌아보고 명확한 답을 주면 그만이다. 물론 거절의 말을 듣고 상대방이 불쾌할 수도 있다. 그러나 할 수 있다고 해 놓고 나중에 가서 변명을 하는 것보다는 낫다. 다만 상대의 요구를 거절할 때에 우호적인 표정으로 말하라.

미국의 통신회사의 창립자 윌 스트라우스(Will Strauss)는 수많은 실패를 거듭한 끝에 "아니오"라고 말하는 법을 배웠다.

젊었을 때 그는 항상 아무런 계획이 없었다. 부모도 포기해 버린 그는 점차 절망의 나락으로 떨어졌다. 20세가 되던 해, 그는 자신의 길을 찾아 나섰다. 그때 그는 자신에게 편지를 썼다.

"밤 늦게까지 술을 먹거나 당구를 치지 말자. 그럼 언제부터 시작할까? 늘 하던 대로 '다음부터' 시작해야 하나, 아니면 '지금 당장' 시작해야 하나? 예전에 지겹도록 해 봤는데."

윌의 가장 큰 꿈은 모피 옷과 마노반지를 사는 것이었다. 물론 그것이 대단한 꿈이라고는 볼 수 없지만 그에게는 매우 어려운 일이었다.

그래서 그는 최대한 자제하면서 모든 일을 심사숙고한 뒤에 행동으로 옮겼다. 이러한 태도는 일반사원이었던 그를 어느 새 철도회사의 사장으로 만들어 놓았다.

그는 다른 사람에게 "아니오"라고 말함과 동시에 자신에게도 "안 돼"라고 말한다. 특히 이 통신회사를 세울 때, 그는 계속해서 "안 돼"를 외쳤다. 그 덕분에 그는 일시적인 충동으로 일을 그르치지 않을 수 있었다.

"아니오"라고 말하는 것은 대단한 일이 아니다. 분명한 이유가 있다면, 타인과 당신 자신에게 용감하게 "아니오"를 외쳐라.

어려운 상대에게 "아니오"라고 말하다

때에 따라 "아니오"라는 말을 하기가 어려운 경우가 있다. 그러므로 결정을 내리기 전에 "네"라고 했을 경우와 "아니오"라고 했을 경우의 결과를 고민해야 한다. 만약 "아니오"라고 했을 경우의 손실이 더 적다면 얼른 말하는 것이 좋다.

거절하기 어려워하는 심리를 극복하고 거절하는 기술을 익히면 고민할 시간을 절약할 수 있다. 사실 이런 사람은 많지 않다.

"아니오"라고 말하지 못하는 원인은 대부분 아래와 같다.

1. 받아들이는 것이 거절보다 쉽다.

"아니오"라고 말하기 어렵다면 먼저 두 가지 대답이 가져올 결과를 생각하라. 이 분석을 한 뒤에 결정해도 늦지 않다.

2. 좋은 사람 콤플렉스

어떤 방법으로 거절하더라도 상대의 불만을 피하기는 어렵다. 하지만 당신이 어떤 대답을 해도 호감을 사기 어려운 사람이 있다. 그러므로 심사숙고한 후 아니라고 생각되면 "아니오"라고 말하라.

3. 복수가 두렵다

거절했을 때 상대방이 기분 나쁠 수도 있고 화를 낼 수도 있다. 그렇다고 해서 모든 일에 "네"를 외쳐야만 할까?

4. "아니오"라고 했을 때 어떤 좋은 점이 있는지 모르겠다.

거절을 당하거나 거절하는 경우 모두 좋은 점이 있다. "아니오"라고 말했을 경우에는 당신보다 더 적합한 사람이 그 일을 맡게 되어 더 좋은 결과가 나올 수 있다. 당신의 거절로 부탁을 한 사람도 다시 한 번 생각할 기회를 얻는다.

다음은 거절의 고수들이 하는 말이다. 당신이 "아니오"라고 말하는 법을 배울 수 있기를 바란다.

1. 부탁하는 사람의 말을 경청하라.

그가 무슨 말을 하고 싶은지 이미 알고 있다고 해도 중간에 말을 끊지 마라. 경청하게 되면 상대방의 뜻을 정확히 파악할 수 있고, 한편으로는 존중을 표할 수 있다. 또, 말이 끝날 때까지 상대를 응시하라.

만약 그 자리에서 대답하기 어렵다면 상대에게 말하라. 그리고 언제까지 대답을 할지도 분명히 알려주어야 한다. 그렇지 않으면 상대방은 당신이 핑계를 대고 있다고 생각하게 된다.

2. 상냥한 표정으로 거절하라.

당신을 떠올려줘서 고맙다는 말과 함께 미안함을 전하라. 단, 지나치게 미안해 하지 마라. 상대방은 당신이 자기에게 정말 뭔가를 빚졌다고 느낄지도 모른다. "아니오"라고 말할 때는 단호한 태도를 보여서 그에게 여지가 없음을 보여 줘라.

3. 거절의 이유를 말해 줘라.

이유를 말하고 나서 다시 한 번 거절을 하고 논쟁을 피하라. 모든 거절에 이유가 있는 것은 아니다. 이럴 때는 친근한 말투로 "미안해요. 이번에는 정말 돕기 힘들겠네요. 맘에 두지 않았으면 좋겠어요."라고 하면 된다. 당신은 그가 한 부탁을 거절하는 것이지, 그 사람을 거절한 게 아니라는 점을 기억하라.

4. 제삼자를 통해서 거절하지 마라.

상대방은 당신이 성의 없거나 무기력한 사람이라고 여길 수 있다.

5. 다른 방법을 찾아라.

만약 필요하다면 상대에게 다른 방법을 제시해 줘라.

거절의 상황은 언제나 발생한다

거절하거나 거절당하는 것은 늘 있는 일이다. 누구나 이런 경험이 있으며 부탁을 받았을 때 능력이 안 되거나 혹은 하고 싶지 않은 이유로 거절하게 된다. 인생은 끊임없이 타인을 설득하면서 협력의 과정을 찾아간다. 바꿔 말해 인생은 거절과 거절을 당하는 과정의 연속인 것이다.

일언지하에 거절하는 말을 하기란 어렵다. 하지만 어쩔 수 없이 상대방을 거절해야 하는 일이 생긴다. 어차피 거절을 피할 수 없다면 거절하는 기술을 배울 필요가 있다.

거절할 때는 거절하는 사람의 태도가 매우 중요하다. 매정하게 말을 자르거나 상대방의 말을 반박하거나, 또는 불쾌한 표정이나 무시하는 표정을 짓는 것은 절대 피해야 한다. 당신도 누군가에게 부탁할 수 있음을 명심하라.

거절의 이유를 명확히 하라. 어영부영 덮어버리면 상대방은 당신의 뜻을 오해할 수 있다. 그럼 불필요한 오해가 생겨나고 두 사람 사이도 멀어질 것이다.

거절할 때 상대방의 자존심을 꺾지 마라. 당신에게 도움을 줬던 사람이 부탁할 때는 정말 거절하기 힘들 것이다. 하지만 상대를 존중하면서 진심으로 당신의 고충을 말하면 그도 이해할 것이다.

상대방에게 퇴로를 만들어 줘라. 이 말은 그의 체면을 지켜주라는 뜻이다. 상대방의 말을 끝까지 들어주고 결정이 되면 말하라. 만약 업무를 주고받는 상대의 부탁이라면 더더욱 여지를 남겨 둘 필요가 있다. '이번'에는 안 되지만 '다음'에는 가능할 수 있음을 암시하라.

상대하기 까다로운 사람을 거절할 때는 시선을 직접 마주하지 마라. 하지만 확실히 거절할 자신이 있다면 마주 보고 앉아도 상관없다. 당신이 있는 곳으로 상대방이 온 것이라면 시간적인 문제도 고려해야 한다. 시간이 흐르면 자연히 해소되는 부분도 있기 때문이다. 이것도 거절하는 사람의 기술이다.

누군가가 당신에게 사랑을 고백했다고 가정하자. 하지만 당신이 받아들일 수 없다면 다음과 같이 '미루기 방법'을 써라. 예를 들면

"나중에 얘기하죠. 시간 있을 때 연락할 게요."라고 말하는 것이다.

아래의 내용을 참고하자.

1. 내게 생각할 시간을 주세요.
2. 오늘 일이 있어요. 다음에 얘기하죠.
3. 전해 줄 수는 있지만 오해가 생길 수도 있잖아요. 직접 얘기하는 게 좋겠네요.
4. 이 일에 제가 나서기는 좀 곤란할 것 같아요.
5. 잘 못 봤어요.
6. 좋기는 좋은데, 난 이게 더…….
7. 마음은 충분히 알겠는데 그렇게 하는 건 우리 두 사람 모두에게 좋지 않을 것 같아요.

흔히 사람들은 거절하는 사람이 유리하고 거절을 당하는 사람은 불리하다고 말한다. 거절을 당했을 때 마음을 대범하게 가져라. 말해 봤자 소용이 없다면 깨끗이 단념하는 것이 좋다.

거절당했다고 반드시 관계가 끝나는 것은 아니다. 당신이 불평하지 않고 열심히 일하다 보면 다음 교섭에서는 성공을 거둘 수 있다.

다정하게 쫓아내기

친구가 찾아와 즐겁게 떠들며 노는 것도 일종의 삶의 즐거움이다.

송대의 유명한 시인 장효상(張孝祥)은 친구와 밤이 깊도록 이야기를 하던 중 자신의 은밀한 사생활까지 말해 버렸다.

현대에는 이와 반대의 상황이 자주 발생한다. 퇴근한 뒤 혼자만의 시간을 보내려고 하는데 떠들기 좋아하는 친구가 찾아온다. 재미없는 얘기를 끝도 없이 해대는 통에 가라고 하고 싶지만 그 친구에게 상처를 줄까 봐 당신은 입을 열지 못한다. 하지만 계속 이렇게 끌려가다가는 아무 일도 할 수 없다. 당신의 귀한 시간만 버려지는 셈이다.

　루쉰은 "무단으로 남의 시간을 뺏는 사람은 재물 때문에 사람을 죽이는 이와 다르지 않다."고 말했다.

　그렇다면 어떻게 이런 친구를 상대할 수 있을까? 가장 좋은 방법은 좋은 말로 '쫓아내는' 것이다. 상대방의 자존심을 상하게 하지 않으면서 기분 좋게 당신의 뜻을 알릴 수 있다.

---

1. 완곡한 표현

부드러운 어조로 함께 이야기할 시간이 없음을 알려 줘라. 모진 말로 내쫓는 것보다 상대가 받아들이기 편하다.

예1. "오늘 밤에 시간 있는데 와서 같이 얘기해요. 근데 내일부터는 자격증 준비 때문에 바쁠 것 같아요." 이 말 속에는 내일부터 나를 귀찮게 하지 말라는 뜻이 담겨 있다.

예2. "요즘 집사람이 몸이 안 좋아서 저녁을 먹고 나면 쉬고 싶어 해요. 좀 작게 얘기할 수 있을까요?" 이것은 상의를 하는 말투지만 실은 명확한 뜻을 전달한다. 당신의 수다가 아내의 휴식을 방해하니 그만 가라는 것이다.

2. 글로 표현하라

쓸데없이 친한 척하는 사람들에게 완곡하게 말하면 알아듣지 못할 수도 있다. 이런 사람에게는 말보다 글이 효과적이다. 영화 〈천이시장(陳毅市長)〉에 보면 유명한 과학자가 나온다. 그의 집 거실에는 '잡담은 3분을 넘지 않도록 하시오'라고 적혀 있는 종이가 붙어 있다. 주인이 연구를 하는 사람이므로 쓸데없는 이야기를 자중하라는 것이다. 이 글을 보고 잡담을 하러 온 사람들의 입이 떨어지겠는가?

실제 생활에서는 '우리 아이가 수능을 준비하고 있어요, 큰 소리를 내지 말아주세요'나 '주인이 영어를 배우고 있습니다' 등의 글을 붙여놓을 수 있다. 시간을 금같이 여긴다는 인상을 주면 방문자도 이해하고 주의할 것이다. 이런 글은 그 집에 오는 모든 사람을 대상으로 하기에 특정한 사람을 곤란하게 할 우려도 없다.

3. 온화한 태도로 말하라

당신이 따뜻하게 말하면 놀러 왔던 사람도 미안함을 느낀다. 당신이 웃음을 지으며 차를 권하고 다과를 내온다면 아마도 그 사람은 불편해서 다시 오지 않을 것이다. 귀빈을 대접하듯이 격식 있게 대하면 대부분의 사람들은 거북함을 느끼기 때문이다.

이런 과도함은 사실 냉정함과 다를 바가 없다. 하지만 이렇게 하면 불청객을 예의바르게 쫓아낼 수 있다.

4. 수비보다 공격이다

당신이 먼저 그의 집을 찾아가라. 상대방이 언제쯤 방문하는지 기억해 두었다가 한 시간 먼저 그의 집을 찾아가라. 대화의 주도권을 잡아 계속 떠들다가 당신이 원하는 시간에 집에 돌아가라. 늘 손님대접을 받다가 자신이 대접을 하게 되면 분명 상대방도 느끼는 바가 있을 것이다. 이렇게 몇 번만 반복하면 그도 함부로 당신의 집을 찾아오지 않는다. 이것은 특수한 쫓아내기 방법이다.

5. 할 일을 줘라

늘 와서 떠드는 사람은 자신만의 생활이 없기 때문이다. 그가 취미를 발견하도록 도와 줘라. 자기 취미생활에 빠진 상대방은 당신의 집에 자주 오지 않을 것이다. 이렇게 하면 그가 와서 생기는 불편함도 해소된다.

어떻게 발견하게 해 줄 것인가? 그가 청년이라면 "인생은 한 번 뿐이고 배울 게 많습니다. 지금 충분히 배우고 노력해야 나중에 더 나은 생활을 할 수 있어요."라고 충고하라. 중년이 지난 사람이라면 그의 상황에 알맞은 취미를 찾아 줘라. "붓글씨를 너무 잘 쓰네요. 조금만 더 연습하면 대회에 나가도 될 것 같아요."라고 칭찬하라. 일단 취미가 생기고 재미를 들이면 당신이 오라고 해도 거절할지 모른다.

맘에 들지 않는 남자는 거절하라

만약 당신이 아름다운 여성이라면 종종 아래와 같은 경우에 처하게 될 것이다. 끈질기게 당신을 쫓아다니는 상대를 어떻게 떨쳐낼 것인가? 아래와 같은 기술을 익혀보자.

1. 한 남자가 젊고 예쁜 여자에게 '즉석만남'을 요청했다.

"저, 시간 있으면 같이 영화 보실래요?"

"아뇨, 괜찮아요."

"저 아무한테나 이렇게 영화보자고 하는 사람 아닙니다."

"저도 아무나 쉽게 거절하는 사람 아니에요!"

그렇게 말하고 그녀는 가버렸다.

2. 한 남자가 어렵게 여자와 만날 기회를 갖게 되었다. 그런데 그 남자는 한 번 입을 열더니 끝없이 수다를 떠는 게 아닌가. 여자는 지겨워졌지만 거절하기도 민망했다. 그녀는 남자를 쳐다보지도 않고 끊임없이 앞에 있는 물건을 만지작거리다가 갑자기 남자에게 물었다.

"방금 뭐라고 하셨죠?"

그 남자는 순간 조용해졌고 말없이 돌아갔다.

3. 한 남자가 마노에게 금요일에 함께 춤추러 가자고 말했다. 마노는 "금요일에 시간이 없네요."라고 거절했다. 심지어 그녀는 이유조차 말하지 않았다. 절대로 사과하지도 설명하지도 마라. 끈질기게 달라붙는 이성을 떨어뜨리는 가장 현명한 거절은 아무 이유도 말하지 않는 것이다.

여기까지 읽고나서 '나는 예쁜 여자가 아니니까.'라고 생각하고 성급하게 책을 덮지 마라. 지금부터 모두에게 해당되는 이야기를 소개하겠다.

당신이 어떤 남자를 좋아하는데 그가 당신에게 냉담하게 대한다. 반대로 전혀 관심 없는 남자가 매일같이 당신을 쫓아다닌다. 이런 경험이 있는 여성은 결코 그것이 행운이라고 생각하지 않을 것이다. 하지만 이제 걱정할 필요가 없다. 오늘부터는 맘에 들지 않는 사람을 거절할 수 있을 것이다.

연애의 고수는 이렇게 말한다. "인연이 있으면 남녀는 만나게 되어 있다." 즉 남자와 여자의 인연은 억지로 구한다고 해서 이루어지는 것이 아니라는 의미다. 하지만 마음에 들지 않는다고 해서 상대방의 자존심을 짓밟아서는 안 된다. 그가 당신을 사랑하는 것은 죄가 아니다. 당신이 누군가를 사랑하는 일이 잘못이 아닌 것처럼 말이다.

1. 자신감 넘치는 사람을 만났을 때

때로는 자신감 넘치는 사람이 당신을 귀찮게 하기도 한다. 하선생은 회사의 우수한 인재이다. 하지만 그의 가장 큰 문제는 상대방이 원하는 게 뭔지 잘 모른다는 것이다. 그는 회사에 새로 온 여직원이 자신에게 호감을 가졌다고 생각했다. 그래서 그는 매일 그녀에게 커피를 타 주고 퇴근 후에는 집에까지 바래다주었다. 그러던 어느 날 그 여직원의 아버지가 입원을 하게 되었고 매일 병간호를 하느라 그녀는 지쳐버렸다. 처음에는 거절하기 미안해서 잠자코 있던 그녀가 결국 그에게 말했다. "우리는 안 될 것 같네요." 하지만 하선생은 여전히 알아듣지 못했고 그녀에게 그는 악몽 같은 존재가 되어버렸다.

이런 사람들에게는 아무런 기회도 주지 않는 것이 현명하다. 음식에 파리가 꼬이는 것은 당연하다. 하지만 음식에 꼬이는 파리를 좋아하는 사람은 없다.

2. 완벽한 그가 맘에 들지 않는다면?

결혼 적령기가 된 당신에게는 아직 좋은 사람이 나타나지 않았다. 당신은 멋진 왕자님이 나타나길 바라지만, 혹 실망하게 되면 어떻게 할 것인가?

은행직원인 리는 친구의 소개로 양을 만났다. 양은 자신감에 가득 찬 모습이었다. 그는 명문대학에서 외국어를 전공했고 외국유학을 다녀와 현재 자신의 번역회사를 갖고 있었다. 하지만 그의 자신만만한 태도는 리를 불편하게 했다. 집에 돌아온 후 리는 양의 전화를 받았다. 양은 그녀가 맘에 들었다고 했지만 그녀는 완곡한 어조로 그를 거절했다.

살다 보면 조건이 매우 뛰어난 남자를 만날 때가 있다. 하지만 그가 당신의 상대로 적합하지 않을 수도 있다. 맘에 들지 않는 사람이 아무리 잘났다고 한들 무슨 소용이 있겠는가.

이럴 때는 두 가지 방법이 있다. 그를 계속 추켜세워라. 또 하나는 나쁜 여자 흉내를 내라. 그 남자가 먼저 도망갈 것이다.

3. 마마보이를 만났을 때

사람은 겉만 봐선 알 수 없으므로 성격을 잘 파악해야 한다. 처음 남자를 만났을 때, 여자가 보기에 그는 키도 크고 멋져 보였다. 그녀는 곧 사랑에 빠졌고 그 남자와 결혼 이야기까지 오갔다. 어느 날 남자의 집에 간 그녀는 깜짝 놀랐다. 그 남자는 엄마의 무릎을 베고 아이처럼 행동했던 것이다. 또 남자의 부모가 자신에게 대답하기 곤란한 질문을 하는데도 그는 지켜보기만 했다. 그리고 남자의 부모는 그녀가 바에서 일했다는 이야기를 듣고는 그녀를 집에서 쫓아냈다. 이튿날, 그녀는 남자의 해명을 듣지 않았다.

여자의 선택은 옳았다. 이런 유형의 남자는 부모를 거스르고 여자에게 만족할 만한 답을 줄 수 있는 사람이 아니다.

4. 당신에게 아무런 느낌이 없는 좋은 사람이라면?

용과 리는 회사동료이다. 시간이 지나자 용은 리에게 애정을 느꼈고, 리는 그런 용을 떠나지 못했다. 하지만 리는 용에게 가족 같은 감정뿐이었다. 용은 그녀를 한결같이 대했다. 리는 어떻게 해야 할까? 이런 남자를 거절하는 데는 기술이 필요하다. 적당한 시기를 골라 이렇게 말해 보라.

"나 사랑하는 사람이 생겼어. 용은 나한테 가족 같은 사람이니까 말해 주는 거야."

그리고 그의 관심에 무심해져라. 또 가끔 이런 농담을 던져라.

"나한테 이렇게 잘 해 주면 나중에 아내 될 사람이 질투할 거야."

사랑하는 사람에게도 "아니오"를 외쳐라

당신도 이런 경험을 한 적이 있지 않은가? 당신이 정신없이 바쁠 때, 사랑하는 사람이 아파서 어떻게 해야 할지 모를 때가 있다. 또, 애인의 칠칠맞지 못한 행동을 수습하기 위해 당신이 해야 할 일을 제쳐 두고 달려간 적도 있을지 모른다. 이쯤 되면 당신은 탄식할지도 모른다. "예전에는 그렇지 않았는데……"라고 말이다. 하지만 애인을 그렇게 만든 것은 바로 당신이다. 지나친 이해와 양보로 당신은 '늘 이해해 주는 사람'이란 생각을 애인에게 심어준 것이다.

생각해 보라. 당신의 애인이 위와 같은 행동을 했을 때 당신은 먼저 이해하려고 들 것이다. 혹여 당신이 바빠서 그에게 소홀해지기라도 하면 그는 일부러 당신의 관심을 끌기 위해 이런 실수를 할지도 모른다. 만약 당신의 애인이 이런 식으로 행동하는 것을 원치 않는다면 습관을 바꿔 줘야 한다. 사랑하는 사람에게도 "싫어"라고 말할 필요가 있다.

사랑하는 사람끼리 이해하고 양보할 필요는 있지만, 그것은 무조건적인 순종이나 수긍을 뜻하는 것이 아니다. 연인의 요구를 거절할 때 그 이유를 명확히 말해 줘라. 그렇게 해야 자신의 지나친 요구가 통하지 않음을 알 수 있다.

물론 이것도 적당한 수위조절이 필요하다. 처음부터 너무 강하게 하면 상대가 견디지 못하고 당신의 애정을 의심할 수도 있다. 작은 것에서부터 시작하라. 어느 정도 개선되었다고 느껴지면 그에게 솔직히 말하라. 그에게 어떤 문제가 있었고, 그 주요한 원인 제공자가 당신이었음을 밝혀라. 그리고 거절의 방법과 효과에 대한 것도 말해 주는 것이 좋다. 사실을 털어놓으면 그의 기분이 상할 수 있다. 그래서 그간 지켜봐 온 그의 성격을 고려해서 적절한 방식을 택하는 것이 좋다.

 말을 잘하는 사람은 사양할 줄 아는 사람이다.

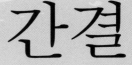

CHAPTER.8 간결

'간결'의 사전적 의미는 '간단하고 깔끔하다'이다. 언어의 간결함은 대화할 때 꼭 따라야 하는 법칙이다. 간결함은 청중을 감동시키고 말 속

으로 끌어들이는 필요조건이기 때문이다. 의사를 표현할 때 핵심은 명확하고 표현은 간결하게 전달하는 것이 바로 언어의 간결함이다. 때때

로 '말을 아끼기를 금과 같이 해야 할' 경우가 있다.

"절대로 포기하지 마십시오!"

영국 케임브리지 대학의 졸업식에서 수많은 학생들은 처칠이 도착하기를 기다리고 있었다. 이윽고 수행원을 동반한 처칠이 강연대로 올랐다. 그는 윗옷과 모자를 벗고 나서 묵묵히 청중을 보았다. 잠시 후, 처칠이 천천히 입을 뗐다.

"Never give up! (절대로 포기하지 마십시오)"

이 한 마디를 남기고 그는 옷을 입은 뒤 모자를 쓰고 회의장을 빠져나갔다. 숨소리 하나 들리지 않던 졸업식장은 잠시 후 우레와 같은 박수소리로 뒤덮였다.

"절대로 포기하지 마십시오, 절대로 포기하지 마십시오, 절대로 포기하지 마십시오."

이것이 처칠의 생애 최후의 연설이자 최고의 연설이었다.

한 마디의 연설

　많은 사람들이 연설할 때 장문의 이야기를 즐겨한다. 이 경우가 가장 효과를 보기 쉬운 방식이기 때문이다. 또 다른 사람들은 짧은 한 마디에 의미를 담아서 핵심을 전달한다. 이런 연설은 깊은 인상을 남기고 오래도록 회자된다. 후자의 경우를 '한 마디 연설'이라고 부른다. 본문에서는 '한 마디 연설'의 고수 두 명을 소개한다. 이들은 간결한 언어를 이용해 화기애애하고 편안한 분위기를 만든다. 또, 짧은 한 마디를 결연한 어조로 표현하기도 한다.

　먼저 마옌추(馬寅初)선생의 '한 마디 연설'을 살펴보자.

　베이징대학의 학장을 지내고 있을 때, 마옌추는 중문과 교수 귀량푸(郭良夫)의 결혼식에 참석했다. 마옌추가 온 것을 본 하객들은 그에게 축사 한 마디를 부탁했다. 마옌추는 하객으로 참석한 것이라 사람들의 부탁을 받자 매우 난감했다. 잠시 후 그는 짤막하게 축사를 했다.

　"제가 보기에 신부께서 안심해도 되겠습니다. 신랑의 이름을 보니 그는 좋은 남편이 될 게 분명합니다."

　마옌추의 축사를 들은 하객들은 모두 아리송했다. 하지만 곧 모두가 그 의미를 알게 되었다. 양부(良夫)란 좋은 남편이라는 뜻도 되지 않는가? 식장은 웃음바다가 되었다. 신랑의 이름을 이용해서 짧고 굵게 축하의 말을 마친 마옌추의 재치는 많은 사람을 즐겁게 했다.

이번에는 저우타오펀(鄒韜奮)선생의 일화를 보자.

1936년 10월 19일, 상하이에서 열린 루쉰을 기념하는 대회에서 저우타오펀은 연설을 시작했다.

"시간이 벌써 이렇게 되었군요. 저는 이 말로 선생님을 기억하고 싶습니다. 많은 사람들이 싸워보지도 않고 굴복했지만, 선생님은 굴복하지 않고 싸웠습니다."

저우타오펀의 이 말은 사람들에게 가장 특별한 연설로 꼽혔다. 그는 단 한 마디로 당시의 정치, 사상, 문화전선의 투항자들을 비판하면서 동시에 꿋꿋이 자신의 길을 걸었던 루쉰의 용감하고 굴복할 줄 모르는 고귀한 정신을 칭송했다.

不戰而屈(싸우지않고 굴복하다)와 戰而不屈(싸워도 굴복하지 않다)은 같은 글자를 다르게 배치한 것이다. 그는 루쉰을 모범으로 삼아 모든 사람에게 용기를 주었다.

덩샤오핑 - 간결한 언어로 핵심을 찌르다

말이란 하나의 예술로 화자의 수준과 인격을 알 수 있는 도구다. 덩샤오핑(鄧小平)은 중국의 위대한 지도자였으며 그의 언어에는 간결하면서도 정곡을 찌르는 힘이 있었다. 사람들이 말하는 덩샤오핑 연설의 특징은 '간결한 어휘 속에 포괄적인 의미가 있고, 핵심을 찌른다' 는 것이다. 덩샤오핑과 리우쯔젠(劉志堅)의 대화에 빠져 보자.

첫번째 이야기 : 스스로 깨닫게 하다

본래 홍군 3부대의 선전부장이던 리우쯔젠은 사방면군[1]에 위문을 갔다가 그곳의 선전부장으로 배치되었다. 사방면군의 복무가 싫었던 리우쯔젠은 수차례나 원래의 부대로 보내달라고 요구했다. 홍군이 샨베이(陝北)지방에 도달했을 때, 그는 정식으로 자신의 요구를 제출했다. 리우쯔젠이 홍군의 총정치부의 부주임인 덩샤오핑을 만났다.

"무슨 일입니까?"

"할 말이 있습니다."

"말해 보시오."

"원래의 부대로 돌아가고 싶습니다."

그를 바라보며 덩샤오핑이 말했다.

"돌아갈 필요 없소. 우리는 또 다른 사람을 사방면군으로 보낼 겁니다."

사실은 홍군의 지도부와 사방면군의 간부 사이에 문제가 생겨서 그것을 조절할 사람이 필요했던 것이다.

"사방면군에 그냥 있으세요. 이유는 굳이 말하지 않아도 되겠지요."

덩샤오핑의 단호한 모습을 보자 리우쯔젠은 하고 싶은 말을 삼켜야 했다.

"할 말이 더 없으면 그렇게 합시다."

곰곰이 생각하던 리우쯔젠은 그의 뜻을 알아차렸다. 그리고 부대

---

1) 四方面軍 : 중국 공농홍군(中國工農紅軍) 주력부대의 하나

로 돌아가 자신의 소임을 다했다.

두 번째 이야기 : 직설적으로 말하다

회해(淮海)전투가 끝나고 중원야전군은 허난(河南)성의 상구에서 간부회의를 열었다. 회의에서는 중원야전군을 제2야전군으로 개명하고, 동시에 각 부대를 성립하기로 했다.

회의가 끝나기 하루 전, 동백군의 부정치위원이며 위원회 서기인 리우쯔젠은 통보를 받았다. 점심시간 후에 덩샤오핑이 만나자는 전갈을 보낸 것이다. 시간을 맞춰 리우쯔젠이 사무실에 들어가자 덩샤오핑이 말문을 열었다.

"동백군으로 돌아가지 말고 4군단으로 가시오. 가서 부정치위원 겸 주임을 맡으면 됩니다."

덩샤오핑은 힘주어 말했다.

"당신은 해낼 수 있을 거요."

리우쯔젠이 자신은 해낼 자신이 없다고 말했지만 그는 단호했다.

"더 얘기할 필요 없으니, 이만 돌아가시오."

리우쯔젠은 별 수 없이 방을 나와 돌아가야 했다.

세 번째 이야기 : 요점이 명확하다

1975년, 리우쯔젠이 군사과학원에서 정치위원을 하고 있었다. 덩샤오핑이 그를 불렀다. 리우쯔젠이 덩샤오핑의 집에 도착했을 때, 그는 덩샤오핑과 대화하고 있는 장아이핑(張愛萍)을 보았다.

장아이핑과 대화가 끝나자 덩샤오핑의 시선은 리우쯔젠에게 꽂혔다.

"쿤밍(昆明)으로 가시오. 가자마자 군대를 재정비해야 할 것입니다. 두 번째, 부르주아적 계급성을 주의해야 합니다."

당시 쿤밍군대 내부의 계파문제가 심각한 수준이었다.

"세 번째는 군대의 계파 문제를 철저히 엄단해야 합니다."

리우쯔젠이 결연히 고개를 끄덕였다.

"다른 할 말이 없다면 그렇게 합시다."

덩샤오핑의 대화는 늘 이렇게 간결하고 요점이 명확했다. 그래서 수십 년이 흐른 뒤에도 리우쯔젠의 머리 속에는 그 당시의 상황이 생생하게 남아 있었다.

덩샤오핑과 팔라치의 만남

1980년 8월 21일과 23일, 덩샤오핑은 인민대회당에서 이태리의 유명한 여기자 오리아나 팔라치(Oriana Fallaci)의 인터뷰에 응했다.

덩샤오핑도 화술에 능한 지도자였지만, 팔라치도 예리한 질문으로 유명한 여기자였다. 인터뷰가 끝나고 공개된 두 사람의 대화는 세상을 뒤흔들었다.

두 번의 인터뷰는 모두 네 시간에 걸쳐 이루어졌다. 마오쩌둥에 대한 평가와 국제사회의 형세에 대한 심층분석을 주제로 두 사람의 흥미진진한 대화가 시작되었다. 세상은 비상한 두뇌와 뛰어난 언변을 갖춘 두 사람의 인터뷰를 주목했다.

8월 21일, 팔라치가 덩샤오핑에게 말했다.

"내일이 생신이라고 들었는데 먼저 축하드립니다."

이에 덩샤오핑이 답했다.

"내일이 내 생일인가요? 그럼 내가 일흔여섯이니 이미 늙은이가 되었군요."

그러자 팔라치가 말했다.

"만약 제 부친께서 일흔 여섯인데 제가 그런 말을 했다면 아마 절 때리셨을 거예요."

"당연히 부모님께 그런 말을 하면 안 되죠."

덩샤오핑이 웃으며 말했다. 이렇듯 인터뷰는 가벼운 분위기로 시작되었다. 팔라치는 예리한 첫 번째 질문을 던졌다.

"천안문의 마오쩌둥 초상은 계속 남겨 두실 생각입니까?"

"영원히 남겨 둘 겁니다."

덩샤오핑은 결연한 목소리로 말을 이었다.

"마오쩌둥은 '3할의 과오와 7할의 공적(七三開)'이 있습니다. 공적이 훨씬 크니 당연히 첫 번째로 여겨야 할 것이고, 잘못은 그 다음 문제입니다. 그가 중국인민에게 했던 공적은 결코 무시할 것이 아닙니다. 마오쩌둥을 부정하는 것은 공산당을 부정하는 것과 같습니다. 우리는 영원히 그를 기억할 겁니다."

팔라치도 만만하게 듣고만 있지는 않았다.

"중국 인민들은 모든 잘못을 4인방²⁾에게 미뤘죠. 듣자하니 중국에서는 4인방이 아니라 5명을 꼽는다고 하더군요."

덩샤오핑은 팔라치의 말뜻을 알아차렸다.

"마오쩌둥과 4인방의 과오는 엄연히 구분되어야 합니다. 그는 중국혁명에 지대한 공헌을 했습니다. 마오 주석이 없었다면 중국 인민들은 여전히 암울한 생활을 하고 있을지도 모릅니다. 50년대 후기에 마오 주석의 과오가 있긴 했습니다. 하지만 4인방에 대한 심판이 마오 주석의 역사적 공헌에 흠집을 낼 수는 없습니다."

팔라치가 또 물었다.

"당대회에서는 마오 주석에 대한 언급을 어디까지 하실 겁니까?"

"첫째가 마오 주석의 공적이고 그 다음이 과오입니다. 마오 주석의 올바른 사상을 우리는 계승해 나갈 것이며, 잘못된 것이 있다면 분명히 지적할 겁니다."

덩샤오핑은 팔라치의 기자수첩을 가리키며 말했다.

"이렇게 기록해 주십시오. 우리는 천안문에 걸려 있는 마오 주석의 초상을 영원히 보존할 것이며, 우리나라의 상징으로 삼을 겁니다. 마오 주석의 당과 국가에 대한 공적을 기념하고, 마오쩌둥식 사회주의를 이어갈 겁니다. 후르시쵸프[3]가 스탈린[4]에게 한 것처럼 마오 주석을 대하진 않을 것입니다."

팔라치가 물었다.

---

2) 4인방 : 장칭江靑, 장춘차오張春橋, 야오원위안姚文元, 왕홍원王洪文
3) 후르시쵸프 : SikitaKhrushchev, 1960년대 소련 공산당의 서기장
4) 스탈린 : Iosif Vissarionovich Stalin, 1922년부터 53년까지 소련을 통치한 독재자

"천안문광장에서 행사가 있을 때, 스탈린의 사진을 거는 이유가 뭡니까? 스탈린은 많은 잘못을 했고 후르시쵸프는 그가 시정할 수 있도록 했습니다. 그런데 왜 스탈린에게만 그런 대우를 하는 겁니까?"

그 질문에 덩샤오핑은 오히려 팔라치에게 반문을 했다.

"후르시쵸프가 무슨 좋은 일을 했습니까?"

"스탈린의 잘못을 지적했죠."

"그것이 잘 한 일이라고 보십니까? 스탈린은 과오보다 공적이 많습니다. 중국이 성립되었을 때, 스탈린은 우리를 도와줬습니다. 물론 무상원조는 아니었지만요."

"그럼 후르시쵸프가 스탈린보다 못하다는 말씀인가요?"

팔라치가 다시 물음을 던졌다. 덩샤오핑은 그녀의 질문의 의도를 파악했다.

"다시 한 번 말씀드리지만, 우리는 후르시쵸프가 스탈린에게 한 것처럼 마오 주석을 대하진 않을 겁니다."[5]

이 때, 팔라치가 결정적인 말을 던진다.

"불쾌하실지 모르지만 서방에서는 당신을 중국의 후르시쵸프라고 말하는 사람도 있습니다."

통역을 듣고 난 덩샤오핑은 크게 웃었다. 잠시 후 평소의 어조로 돌아와 말했다.

---

5) 후르시쵸프는 스탈린을 몰아내고 권력을 장악했다. 이 말뜻은 덩샤오핑이 마오쩌둥의 과오를 이용해 권력을 장악하지 않겠다는 의지를 표명한 것으로 풀이 된다.

"서방에서 나를 뭐라고 부르든 상관없습니다. 난 십여 년 동안 후르시쵸프를 봐 왔고 그의 상황을 이해합니다. 나를 그에 빗대어 말하는 것은 어리석은 일이죠."

덩샤오핑은 후르시쵸프가 중국에 어떤 해를 끼쳤는지 말했다.

"보아하니 이 문제에 대한 합의점을 찾기 어렵겠군요. 각자의 입장을 고수하도록 합시다."

"제가 알기로 당신은 말을 잘 따르지 않아서 마오 주석이 싫어했다고 하던데 사실입니까?"

"제가 마오 주석의 말을 따르지 않은 적이 있습니다. 하지만 그건 어떤 지도자에게나 있을 수 있는 일입니다. 이것은 마오 주석의 후기에 몇 가지 잘못된 사상을 반영하는 것이기도 합니다."

이어서 덩샤오핑은 자신의 경험을 이야기했다. 얘기를 듣고 난 팔라치가 물었다.

"여기에 어떤 비밀이 숨겨져 있습니까?"

그가 웃으며 대답했다.

"비밀이랄 게 없습니다. 잘못한 것도 있지만 그래도 아직은 쓸 만하다는 거겠죠."

"이상하네요. 당신은 그들에게 잡힌 적도 없고, 당에서 쫓겨난 적도 없는데 혹시 살해당할 거라는 걱정은 안하십니까?"

"린비아오와 4인방이 저를 죽이려고 했었죠. 마오 주석이 저를 보호해 준 겁니다."

팔라치는 또다시 질문을 던졌다.

"그들에게 복수하고 싶지는 않으신가요?"

그 질문에 덩샤오핑은 매우 냉철하게 말했다.

"나는 분노를 좋아하지 않습니다. 또 분노가 문제를 해결해 주지도 않고요. 저는 외국 친구들이 어떻게 살아 남았냐고 물어 보면 문제는 언젠가 풀릴 거라고 믿는다고 대답합니다. 오랜 기간 마오 주석의 밑에서 일하면서 저는 그에게 희망을 가지고 있었습니다. 난 마오 주석이 나를 이해했다고 믿습니다. 그 사실을 증명하는 것이 1973년에 그가 나를 불러서 중요한 임무를 맡긴 것입니다."

팔라치가 또 다시 물었다.

"저우언라이(周恩來)총리가 여전히 정권을 장악할 수 있는 이유가 뭐라고 생각하십니까?"

"저우 총리는 일생을 당에 바친 사람입니다. 하루에 12시간을 일하고, 어떤 때에는 16시간을 넘게 일하면서 일생을 보냈죠. 우리는 프랑스에서 고학하던 시절에 만났습니다. 나에게 저우 총리는 형님과 같은 사람입니다. 우리 두 사람은 거의 동시에 혁명에 투신했고, 그는 인민과 동지들에게 존경받는 인물입니다. 문화대혁명 시절에도 다행히 그를 지킬 수 있었습니다. 물론 그때, 저우 총리는 자신의 사상과 양심을 위배하는 말과 행동을 했습니다. 하지만 인민은 그를 용서했습니다. 왜냐하면 그가 그렇게 하지 않았다면 자신을 지키지 못했을 것이고, 그랬다면 상황은 훨씬 더 끔찍해졌을 테니까요. 그는 수많은 사람을 지켜냈습니다."

"장칭(江靑)에게 점수를 매긴다면 몇 점을 주시겠습니까?"

"0점도 후합니다."

"자신에 대해서는 어떤 평가를 내리겠습니까?"

덩샤오핑은 미소를 지으며 겸손하게 말했다.

"50점이라도 줄 수 있으면 좋겠습니다. 하지만 분명히 말하고 싶은 것은 제 일생에 부끄러움이 없다는 겁니다. 그리고 이 말을 꼭 기록해 주십시오. 나에게는 적잖은 과오가 있습니다. 마오 주석의 잘못에도 내 책임이 있지요. 하지만 모두가 좋은 의도에서 출발한 것임을 말하고 싶습니다."

인터뷰의 내용이 깊어지고 팔라치는 조금 편중된 질문을 던졌다.

"당신 같은 인물이 어째서 2인자의 자리에 있는 겁니까?"

덩샤오핑은 그 질문에 호탕한 웃음을 터트렸다.

"지금 제가 있는 위치가 일하는데 아무런 영향을 주지 않습니다."

그리고 그는 간부종신제를 없애고 새로운 인물을 등용하기 위해 그를 비롯한 원로들이 장차 물러날 것임을 시사했다.

네 시간의 인터뷰가 끝나고, 덩샤오핑은 팔라치에게 악수를 청하며 재치 있게 말했다.

"어때요, 합격입니까?"

팔라치가 답했다.

"최고였습니다!"

이 기사는 8월 31일과 9월 3일자 〈워싱턴포스트(The Washington Post)〉에 인터뷰 전문이 게재되어 큰 반향을 불러 모았다. 각계에서는 "이것은 덩샤오핑의 역사성과 출중함을 나타내는 인터뷰이다.", "이제까지 이런 인터뷰는 없었다."라고 떠들어댔다.

　팔라치도 매우 만족스러워하면서 이번 인터뷰에 대해 "두 번 다시 겪지 못할 경험이며, 나와 인터뷰한 사람 중에 덩샤오핑처럼 지혜롭고, 솔직하고, 점잖은 인물은 거의 없었다. 덩샤오핑은 진정으로 걸출한 인물이며, 이런 지도자를 둔 중국인민들은 행운아다!'라고 평가했다. 이탈리아의 대통령 비서실장 맥커닉은 "팔라치는 결코 쉽게 상대할 수 있는 기자가 아니다. 많은 지도자가 필라치와 인터뷰를 했지만 모두 만족하지 못했다. 하지만 그녀는 덩샤오핑에게 존경을 금하지 못하고 있다. 이것은 결코 흔한 일이 아니다."라고 말했다.

인간관계에서 빛나는 말들

　수많은 언어들 가운데에는 사람들이 자주 사용하고 중요한 의미를 담고 있는 말이 있다. 적절하게 그 말을 사용한다면 예상치 못한 효과를 볼 수 있다. 이런 말은 간결하면서 이해하기도 쉽다. 당신이 이런 말을 자주 사용한다면 오해나 불필요한 마찰을 피할 수 있다. 그래서 이런 단어들은 인간관계의 윤활유 같은 역할을 한다.

　다음은 일상생활에서 자주 사용되는 효과적인 어휘들이다.

> **"좋은 아침입니다 (안녕하세요)!"**
> 어제의 피로가 가시지 않은 상태인데 당신은 동료들에게 "좋은 아침입니다!"라고 말한다. 이

말은 전날 퇴근 후에 중단되었던 동료와의 관계를 오늘 또 새롭게 시작한다는 의미가 있다. 이 말은 친근감 있게 상대의 안부를 묻는 동시에 신뢰와 존중을 표현하기도 한다. 이 밖에도 처음 만났을 때 "안녕하세요."나 "안녕히 가세요."등도 비슷한 효과가 있다.

"Please"

서양에서는 거의 모든 상황에서 이런 표현을 사용한다. 이 말은 자연스럽게 자신을 낮추고 상대방을 높여 주는 가장 좋은 방법이다.

"고맙습니다"

우리는 "고맙습니다"라는 말을 자주 한다. 감사의 표현은 사람들의 관계를 성공적으로 만드는 촉진제 역할을 한다. 인간관계에는 법칙이 있다. 당신이 어떻게 대하는가에 따라 그대로 돌아온다는 것이다.

타인에게 감사의 뜻을 표하는 것은 적극적이고 의미 있는 행위이다. 당신의 가족, 친구, 동료들에게도 감사하는 것을 잊지 마라. 당신이 고마운 마음을 표현하면 그들도 더 큰 신뢰와 애정으로 당신을 대할 것이다. 타인의 감사에 대해서는 "별말씀을요", "저도 즐거웠습니다", "당연한 일인 걸요"와 같이 대답하라.

"미안합니다"

미안하다고 말할 줄 알면 삶이 편안해진다.

"지자천려, 필유일실(智者千慮, 必有一失)"이라는 말이 있다. 아무리 총명한 사람도 실수를 할 때가 있다는 뜻이다. 실수를 저지른 뒤 나타나는 사람들의 반응에는 크게 두 가지가 있다. 하나는 자신의 잘못을 끝까지 부인하고 변명하는 것이고, 또 하나는 솔직하게 자신의 잘못을 인정하고 "미안합니다"라고 말하는 것이다.

잘못을 비는 일은 사소한 행위이지만 사람들은 이를 간과한다. 잘못이 있으면 당연히 사과해야 한다. "미안합니다"라는 말은 제때에 할수록, 또 진심일수록 좋다. 잘못을 인정하는 것은 타인 뿐 아니라 자신을 존중하는 표현이다.

"미안합니다"라는 말을 배우자. 간단하면서도 이보다 더 효과적인 말은 없다. "미안합니다"는 강한 사람도 고개를 숙이게 만들고 화를 누그러뜨리며, 말하는 이를 더욱 성숙하게 만든다.

"모르겠습니다"

모르는 것은 솔직하게 모른다고 말하라. 이렇게 하면 오히려 다른 사람들의 존중을 받게 된다. 공자는 이렇게 말했다.

"아는 것을 안다고 하고, 모르는 것을 모른다고 하는 것이 아는 것이다.(知之爲知之, 不知爲不知, 是知也)"

하지만 많은 사람들이 "모른다"라고 말하기를 꺼린다. 남들에게 무시당할까봐 두렵기 때문이다. 사실은 전혀 그렇지 않다. 항상 "나도 알아"라고 말하는 이를 좋아하는 사람은 아무도 없다. 하지만 "모릅니다"라고 말하는 사람은 지혜로운 사람이다. 지혜로운 사람만이 "세상 모든 일을 다 알고 있는 사람은 없다."라는 사실을 알고 있기 때문이다.

"모르겠습니다"는 당신을 끊임없이 배우게 하고, 점차 발전하여 성공하게 만들어 줄 것이다.

"제 잘못입니다."

당신의 실수로 남들이 피해를 봤을 때 "미안합니다"라는 말과 함께 쓸 수 있는 것이 "제 잘못입니다"라는 말이다.

실수를 하는 것은 두려운 일이 아니다. 다만 자신의 잘못을 인정하지 않고 고치려 들지 않는 것이 문제이다. 자신의 잘못을 인정하고 "미안합니다"와 "제 잘못입니다"라고 용감하게 말하는 것은 매우 중요하다. 실수를 저지르는 것은 문제가 되지 않는다. 실수를 하고 나서 어떻게 행동하는가를 보면 그 사람의 됨됨이를 알 수 있다. 모든 경영자들은 자신의 잘못을 시인하고 고치려고 노력하는 사람을 좋아한다. 용기 있게 "제 잘못입니다"라고 말하라.

"당신을 좋아합니다"

당신이 스스로를 사랑할 때, 남도 사랑할 수 있다. 당신이 남에게 호감이 있으면 상대방과 우호적인 관계를 쌓는 데 도움이 된다. 다른 사람들이 당신을 따르게 하고 싶다면 먼저 당신을 좋아하게 만들어라. 또 그가 당신을 좋아하게 하려면 먼저 당신이 그를 좋아해야 한다.

누구나 남들이 자신을 좋아해주길 바란다. 선의의 뜻이라면 상대방에게 "당신을 좋아합니다"라고 말하라.

"○○○ 씨!"

상대의 이름을 부르는 것은 관계를 쌓는 데 큰 도움이 된다.

남의 이름을 잘 잊어버리는 사람이 있다. 만약 누군가 당신의 이름을 기억하지 못한다면, 우리는 그가 당신에게 관심이 없다고 생각할 것이다. 이름을 기억하지 못하는 것은 상대방에게 실례가 되는 행동이다. 다른 사람들과 관계를 맺고 싶다면 상대방의 이름을 기억하고 불

당신의 언어를 갈고 닦아라

이번 장에서는 다시 한 번 중심 내용을 짚어 보자. 화술이 가장 떨어지는 사람은 끊임없이 떠드는 사람이다. 자신은 말을 잘한다고 생각할지 모르지만 사실 말을 잘하기 위해서는 간결하고 명확하게 자신의 뜻을 전달할 수 있어야 한다.

한 전기회사의 부사장이 "최근의 회의에서 영업실패의 원인에 대한 투표를 실시했습니다. 뜻밖에도 3/4의 사람들이 끊임없이 떠드는 영업사원들의 태도를 그 원인으로 꼽았습니다."라고 밝혔다.사람들과 이야기할 때는 요점만 명확히 전달하는 것이 좋다.

링컨은 변론하는 과정에서 7번째 의제가 핵심이라면 그 부분을 집중 공략하라고 말했다. 이것이 바로 승소하는 주요 원인이다. 여기에서 핵심공략으로 승소한 유명한 재판사례를 소개한다.

그 날의 재판은 마지막 기회였다. 상대방은 두 시간에 걸쳐서 최후 변론을 마쳤다. 링컨은 그가 지적한 논점에 대해서 반박할 근거가 충분했으나 그렇게 하지 않았다. 대신 링컨은 핵심이 되는 부분에 논점을 집중했고 1분도 채 되지 않아 마지막 변론을 끝냈다. 이날의 결과는 링컨의 승리였다. 상대방에게 짧은 시간 안에 당신의 뜻을 전달해서 설득하는 방법은 바로 핵심을 찾아내는 것이다.

영업을 예로 들어보자. 빠른 시간에 계약을 따내기 위해서는 핵심을 잘 잡아야 한다. 하지만 대부분의 사람들이 고객의 구매를 결정하는 요소가 무엇인지 모르고 있다. 고객이 구매를 결정하는 요소는 아래와 같다.

1. 고객의 기본적인 요구가 무엇인가?
2. 고객의 가장 큰 관심사는 무엇인가?
3. 고객의 취약점은 무엇인가?

질문의 답을 알아내려면 어떻게 경청하고 질문할 것인지를 알아야 한다. 이때 가장 중요한 것은 고객의 말을 듣는 것이다. 고객의 대답을 통해 세 가지 질문의 답을 알 수 있다. 그리고 고객의 핵심 요구를 분석하면 그 계약을 성공적으로 이끌 수 있다.

핵심적인 문제에 집중해서 이야기하라. 그러면 승리할 수 있다.

 말을 잘하는 사람은 간결하고 명확하게 말하는 사람이다.

격려

CHAPTER.9

무엇을 하든 적극적인 생각을 가져야 한다. 격려는 일을 성공으로 이끈다. 마음가짐은 특별한 힘을 가지고 있다. 격려를 통해 마음가짐을 다스리면 원하는 결과를 얻을 수 있다. 격려에도 방법이 필요하다. 가장 유력한 격려 방법은 바로 '인정'이다. 만약 당신이 다른 사람을 격려하는 법을 알고 싶다면 이 글이 도움을 줄 것이다.

클린턴에게 자신감을 준 어머니

미국의 전 대통령 빌 클린턴의 성공 배후에는 그의 어머니가 있었다. 클린턴의 어머니는 늘 아들이 자신감을 가질 수 있도록 격려해 주었다.

그의 아버지가 세상을 떠나고 3개월이 지나서 클린턴이 출생했다. 클린턴의 어머니는 야간학교를 나와 간호사가 된 강인한 여자였다. 그녀는 모든 정성을 아들에게 쏟았다. 클린턴에게 큰방을 내주고, 그가 3세가 되던 해부터 글을 가르치기 시작했다.

클린턴이 초등학교에 입학할 때 어머니와 함께 나타나자 친구들이 "겁쟁이"라고 놀렸다. 클린턴이 고등학교에 입학했을 때 그의 어머니는 아껴둔 돈으로 그에게 자동차를 선물했다. 그래서 그는 고등학교에서 가장 먼저 차를 가진 학생이 되었다.

세월이 흘러 클린턴이 옥스퍼드 대학을 다닐 때조차, 어머니는 그가 얼마나 열심히 공부하는지, 또 어떤 친구를 만나는지 확인했다. 그녀는 그의 입에서 "못하겠다"라는 표현이 나오지 않도록 교육을 시켰다. 이 어머니가 클린턴에게 가장 자주 한 말은 "너는 할 수 있다"였다.

비행기를 태워라

성실한 직원이 갑자기 게을러졌다. 당신이 관리자라면 어떻게 할 것인가? 그를 해고할 수도 있고 호통을 칠 수도 있다. 하지만 이렇게 하면 문제해결에 전혀 도움이 되지 않을 뿐더러 오히려 상황을 나쁘게 만들 수 있다.

폴리 해커는 대형차 판매회사 A/S부문의 책임자이다. 어느 날 그는 한 직원의 근무태도가 점점 나빠짐을 알았다. 그런데 폴리는 그를 나무라지 않고 사무실에 불러 이야기를 시작했다.

"아카드, 자네는 우수한 기술자야. 여기에서 일한 지도 벌써 몇 년이 지났지 않은가. 자네가 수리한 차를 받은 고객들의 만족도도 매우 높네. 그런데 요즘 자네가 차를 수리하는 시간이 길어진 것 같아. 수리 실력도 예전의 자네 같지 않고 말일세. 자네도 느꼈겠지만 난 그 부분이 좀 걱정되네. 같이 고민해서 문제를 해결해 보세."

"제가 나태해졌다는 걸 몰랐습니다. 앞으로는 이런 일이 없도록 하겠습니다."

과연 아카드가 자신의 약속을 지켰을까? 걱정할 필요 없다. 폴리가 예전의 그가 매우 우수한 직원이었음을 칭찬했기에 그도 자신의 얼굴에 먹칠하는 일은 하지 않을 것이다.

만약 당신이 한 사람의 능력을 인정하고 존중해 준다면 그는 당신의 말을 따를 것이다. 어떤 사람의 문제를 바꾸려고 한다면 그가 대단한 사람인 것처럼 추커세워 줘라.

햄릿으로 유명한 영국의 극작가 셰익스피어(William Shakespeare)는 "덕이 없어도 있는 것처럼 행동하라"고 말했다. 더 효과적인 방법은 상대방이 이미 그런 사람인 것처럼 공개적으로 칭찬하는 것이다. 그러면 그는 자신이 그런 사람이 되기 위해서 각고의 노력을 기울일 것이다.

리드 파커(Reed Parker)는 대형식품 회사의 영업사원이다. 그는 회사의 신상품에 매우 기대하고 있었는데 납품 상점의 사장이 진열을 거부했다. 이 일로 그는 오후에 상점의 사장을 만나러 가기로 했다.

리드는 사장을 만나서 얘기했다.

"사장님 오늘 아침에 저희 상품에 대해 제대로 말씀드리지 않은 것 같습니다. 시간이 된다면 제가 빠뜨린 부분을 설명하고 싶습니다. 저는 사장님의 넓은 아량을 진심으로 존경합니다. 이미 결정된 일도 바꿔야할 것이 있다면 과감하게 결정하실 분이죠."

당신이 사장이라면 파커와의 면담을 거절할 수 있겠는가? 자신의 명성 때문에 원래의 계획대로 진행하기란 쉬운 일이 아닐 것이다.

루스(Ruth)는 능력 있는 초등학교 선생님이다. 신학기 첫날이 되자, 전교에서 악명 높은 말썽꾸러기 톰이 등교했다. 톰은 매번 악의적인 장난을 치거나 싸움을 일삼았고, 여학생을 놀리거나 심지어 선생님께 무례를 범하는 등 도저히 감당할 수 없는 녀석이었다. 하지만 이상하게도 학습력이 뛰어났다.

루스는 톰의 문제를 해결하기로 마음먹었다.

"로스, 오늘 옷을 참 예쁘게 입었구나. 아이리스, 너 그림을 잘 그린다면서?"

그리고 톰의 차례가 왔다.

"톰, 내가 보기에 넌 리더십을 타고난 것 같더구나. 이번 학기에 우리 반이 전체에서 1등을 할 수 있도록 네가 선생님을 도와줄 수 있겠지?"

그리고 매일 수업시간마다 그녀는 톰이 한 일을 칭찬해 주었다. 자신에게 이런 기대가 생기자 톰은 선생님을 실망시키고 싶지 않았다. 마침내 학기말이 되었고 톰은 정말로 선생님의 기대에 부응했다.

만약 당신이 누군가를 움직이고 싶다면 그를 칭찬하라.

신뢰는 최선의 격려이다

매일 회사의 직원을 주시하던 마쓰시타 고노스케(松下幸之助)는 그들이 자신보다 똑똑하다고 생각했다. 그래서 그는 직원에게 항상 이렇게 말했다.

"나는 이 일에 자신이 없지만, 당신은 해낼 수 있다는 것을 믿기에 이 일을 맡깁니다."

직원은 자신이 주목받고 있다는 사실을 알고 즐거운 마음으로 그 일에 최선을 다할 것이다.

1926년, 마쓰시타 전기회사는 가나자와에 영업소를 차렸다. 마쓰시타는 한 번도 가나자와에 가 본 적이 없었다. 하지만 여러 차례의 시찰과 연구를 통해 영업소를 세워야겠다고 생각했다. 그런데, 문제가 생겼다. 누가 이 영업소를 운영할 것인가? 어떤 사람이 가장 적합할 것인가를 결정하지 못한 것이다. 물론 이일을 할 만한 직원들은 있었지만 그들은 본사에서도 반드시 필요한 사람들이었다. 이때, 그의 머리 속에 한 젊은 영업사원이 떠올랐다. 그 영업사원은 이제 갓 스무 살이었다. 하지만 마쓰시타가 보기에 그라면 해낼 수 있을 것 같았다. 그래서 그는 이 영업사원을 가나자와영업소의 책임자로 발령 내기로 했다. 마쓰시타는 그 직원을 불러서 말했다.

"회사에서 가나자와에 영업소를 내기로 했습니다. 그 영업소의 책임자로 당신이 적합하다고 생각합니다. 지금 가나자와에 가서 장소를 물색해서 건물을 임대하고 영업소를 세우십시오. 이미 자금은 준비가 되었습니다."

이 말을 들은 직원은 깜짝 놀랐다.

"이렇게 중요한 임무를 제가 맡아도 될까요? 저는 입사한 지 2년밖에 안됐고, 나이도 적은데 괜찮을까요?"

하지만 마쓰시타는 이 직원에게 믿음이 있었다. 그래서 그는 단호하게 말했다.

"당신이 못할 일은 없습니다. 전국시대에 가토 키요마사나 후쿠시마 마사노리와 같은 무장들도 십대일 때 이미 이름을 날렸습니다. 그리고 메이지유신의 지사들은 모두가 젊은이들이 아닙니까? 그들은 나라가 어려운 시기에 일어나 새로운 일본을 만들었습니다. 당신은 이미 스무 살이 넘었으니 못할 리가 없지요. 걱정 마세요. 나는 당신을 믿습니다."

"알겠습니다. 제게 맡겨 주세요. 제게 이런 기회를 주신 걸 영광으로 생각합니다. 열심히 하겠습니다."

이때, 그의 눈빛은 사무실에 들어오기 전과 확실히 달라져 있었다. 이 모습을 본 마쓰시타 역시 기뻐하며 격려해 주었다.

"좋아요. 열심히 해 보세요."

젊은 사원은 가나자와에 가서 업무를 시작했다. 그는 매일 마쓰시타에게 편지를 써서 일의 진행상황을 보고했다. 일은 빨리 진척되어 사전작업이 마무리되었다. 그리고 마쓰시타는 오사카에도 몇 명의 직원을 파견하여 영업소를 세웠다.

마쓰시타가 생각하기엔, 수많은 격려의 방법이 있지만 가장 중요한 것은 상대방을 믿고 모든 일을 맡기는 것이었다. 신뢰를 얻고 일의 전권을 넘겨받게 되면 누구라도 감격하게 된다. 그렇게 되면 책임감도 생기고 무엇보다 최선을 다해 일하게 된다.

반대로 관리자가 시키는 일만 하는 사람들은 그런 느낌을 알지 못한다. 그들은 책임감을 느끼지 못하기에 그저 시키는 대로만 할 뿐 전력을 다하지 않는 것이다.

어머니가 심어준 '꿈' 나무

이백 년 전, 나폴레옹이 부인에게 물었다.

"전통적인 교육방식은 문제가 많아요. 사람들에게 양질의 교육을 제공하려면 어떻게 해야 할까요? 무엇이 가장 필요할까요?"

"어머니예요!"

부인이 대답했다.

이 대답은 나폴레옹1세를 감동시켰다.

"그렇군! 이 말은 교육체계를 의미하는군요. 그럼 당신은 아이를 제대로 교육시킬 수 있는 어머니를 배양해 주시오."

그렇다. 세계를 움직이는 손은 요람을 움직이는 손이다. 아무리 가난해도 정직하고 선량하고 부지런한 어머니가 있다면 그 가정은 희망이 있다. 인류의 역사상 걸출한 인물에게는 모두 위대한 어머니가 있었다. 그 인물들이 세상을 움직였다면 그들을 움직인 것은 바로 그들의 어머니였다.

"민족의 경쟁력은 어머니의 경쟁력이다"라는 말을 기억하는가? 중국 사람이라면 모두 알고 있는 이야기가 있다.

아주 오래 전, 홀로 아이를 키우던 어머니가 있었다. 그 어머니는 아이에게 더 좋은 교육환경을 제공하기 위해 이사를 세 번이나 했다. 이 어머니의 행동은 유가사상의 축을 이루는 위대한 인물을 만들어냈다. 그 인물이 바로 중국고대의 위대한 사상가 '맹자(孟子)'이다. 만약 이런 어머니가 없었다면 중국은 물론, 세계에서도 유명한 맹자가 탄생할 수 있었을까?

여덟 살배기 아들을 둔 어머니가 있었다. 그런데 아이가 공부를 못한다는 이유로 선생님이 호통을 쳤다.

"너처럼 멍청한 애는 본 적이 없구나."

상심해 울고 있는 아이를 토닥이며 어머니가 말했다.

"엄마는 널 믿어. 이제부터는 엄마가 가르쳐 줄게."

이렇게 해서 바보로 취급당하던 아이는 한 걸음씩 과학연구의 길에 들어섰고, 결국 세계적으로 유명한 발명가 에디슨이 되었다. 만약 그에게 그런 어머니가 없었다면 세계적으로도 얼마나 손실이 컸겠는가?

미국의 전 대통령 클린턴(Bill Clinton), 영국의 수상 에드워드 히스(Edward Heath), 가수 엘튼 존(Elton John), 영화배우 실베스타 스텔론(Sylvester Enzio Stallone), 체스의 챔피언 게리 카스파로프(Garry Kasparov)등은 각자의 영역에서 매우 뛰어난 사람들이다. 이들에게는 공통점이 있는데 그들 모두가 편모, 편부이거나 훌륭한 어머니를 두었다는 것이다.

22살에 세계 최연소 체스챔피언이 된 게리 카스파로프는 체스계의 천재였다. 카스파로프는 15개국의 언어를 말할 수 있었으며 수학자, 컴퓨터 전문가, 또 월스트리트저널의 최연소 기고가로도 이름을 날렸다. 일곱 살이 되던 해, 카스파로프의 부친이 세상을 떠났다. 이때부터 어머니는 그를 지도하기 시작했다. 그의 자서전《변화하는 어린 시절》에서 보면, 그는 어릴 때부터 어머니의 체스 두는 모습을 지켜보길 좋아했다고 말한다. 이런 아들을 유심히 살피던 어머니는 그가 체스에 자신감을 가질 수 있도록 격려했다. 결국 카스파로프는 세계 체스계의 거물이 되었다.

미국의 전 퍼스트레이디이자, 현재 뉴욕주 의원인 힐러리의 자서전

《살아있는 역사(Living History)》에는 자신이 어머니에게 얼마나 큰 영향을 받았는지 잘 드러나 있다. 그 중에는 이런 이야기도 있다. 어린시절, 이사를 간 그녀는 밖에 나가 놀고 싶어 하지 않았다. 어느 날, 힐러리는 울면서 집에 들어왔다. 그녀는 맞은 편에 사는 수지가 자신을 때린다고 하소연했다. 수지에겐 오빠가 여러 명 있었다. 당시 힐러리는 네 살이었다. 어느 날, 힐러리가 또 울면서 달려오자 어머니가 문 앞을 막아섰다.

"돌아가! 수지가 널 때리면 너도 참지 마라. 스스로 보호하는 법을 배워야 해. 엄마는 약한 사람을 원치 않아."

몇 분 뒤, 힐러리는 기쁜 얼굴로 돌아왔다.

"남자애들이 나랑 놀자고 했어. 또 수지가 나랑 친구하고 싶대."

이렇게 해서 수지와 힐러리는 친구가 되었고 그들의 우정은 아직도 계속되고 있다.

어머니의 말 가운데 가장 인상적인 것은 "남은 남이고, 너는 너야. 네가 생각이 있다면 다른 사람이 뭐라고 해도 개의치 말아라. 우린 다른 사람과 달라. 너도 다른 사람과 다르단다."라는 말이었다. 어머니의 끊임없는 격려 속에서 그녀는 자신감 넘치고, 재능 있는 미국의 퍼스트레이디가 되었다.

금보다 귀한 말, '당신'

자기 자랑을 싫어하는 사람은 없다고 앞서 말했듯이, 남들과 이야기할 때는 당신보다 상대방에 관한 것을 말하라. 남들과 말할 때는 '나'라는 표현을 자제하고 '당신'이라는 표현으로 그 자리를 채워라.

예컨대 이렇게 말하는 것이다.

"이거 당신 주려고 만들었어요."

"당신한테 도움이 될 거에요."

"이게 당신의 행복을 지켜줄 겁니다."

물론 "나"라는 말을 빼고 "당신"이라는 표현을 늘 사용하기란 결코 쉬운 일이 아니다. 하지만 이대로 행동한다면 당신이 원하는 것을 이루는 데 도움이 될 것이다.

사람들과 이야기할 때에는 그들에 대해 이야기하라. 그리고 당신이 즐겁게 참여한다면 사람들은 당신을 좋아할 것이다.

"당신의 집은 별 일 없죠?"

"당신의 아이들은 요즘 어떤가요?"

"당신의 딸은 지금 어디에 살아요?"

"당신은 그 회사에서 일한 지 오래 됐죠?"

"이게 가족사진인가요?"

"당신 생각은 어때요?"

사람들과 이야기할 때 당신이 별 영향력을 발휘하지 못하는 이유는 대부분의 경우 자기생각에만 빠져있기 때문이다. 당신이 관심 있는 주제인지 아닌지는 중요하지 않다. 문제는 상대방이 그 대화에 관심이 있는가 하는 것이다.

타인과 대화할 때 상대방에 관한 주제를 선택하고, 그가 자신의 이야기를 할 수 있게 하라.

비판이 아닌 격려를

당신의 아이, 배우자, 혹은 동료에게 멍청하다거나 재능이 없다고
말한다면 당신은 상대방의 모든 가능성을 없애는 것이다. 조금 부족
한 사람이라면 오히려 그를 포용하고 격려해 줘라. 당신은 상대방에
게 그 일을 해낼 수 있다는 자신감을 주어야 한다. 이런 격려를 듣고
나면 상대방은 밤을 새워가면서 노력할 것이고 자신의 문제점도 극복
하게 될 것이다.

미국의 전 대통령, 캘빈 쿨리지(John Calvin Coolidge)는 대인관계를 잘 처
리하는 사람이었다. 그는 타인에게 용기와 자신감을 주었다. 캘빈 쿨리
지와 그의 친구 부부를 비롯한 여러 사람들이 주말에 함께 모여 카드놀
이를 하게 되었다. 하지만 그의 친구는 카드놀이를 할 줄 몰랐다. 그러
자 쿨리지가 격려하며 말했다.

"톰, 한 번 해 보게. 기억력과 판단력만 좋으면 할 수 있는 게임이
야. 자네는 예전에 인류의 기억력에 관한 연구를 했지 않나. 한 번 해
보게. 자네라면 할 수 있을 거야."

친구는 쿨리지에게 이끌려 어느새 카드놀이를 참여하게 되었다. 톰이
회고하는 바에 따르면 그때 그는 처음으로 카드놀이를 해 보았다고 했

다. 톰은 쿨리지의 말에 자신감을 얻었고, 카드가 어려운 게임이 아님을 알게 되었다. 그날 이후 톰은 자신의 인생철학이 바뀌었다고 했다. 이처럼 당신이 격려를 통해서 상대방의 부족함이나 잘못을 지적한다면, 상대방은 자신이 해낼 수 있다는 자신감을 갖게 되고 변화하게 된다.

어떻게 타인을 격려할 것인가?

파르케 발루뜨(Parker Baluote)는 프랑스의 국립 서커스단에 있는 조련사이다. 그가 훈련시킨 개와 말이 펼치는 공연은 사람들에게 가장 인기가 좋았다. 그 인기의 비결은 재미있는 훈련법에 있었다고 한다. 주변 사람의 말에 따르면, 파크는 개의 실력이 조금씩 늘어날 때마다 칭찬하고 먹을 것을 주며 함께 놀아준다고 한다. 물론 이 방법은 수많은 조련사들이 써 왔던 방법이다. 하지만 여기에서 우리가 주목할 점이 있다. 동물을 가르칠 때도 칭찬과 격려를 아끼지 않는데 사람에게는 왜 그렇게 하지 않는가? 사실 사람을 발전하게 하는 것은 질책이 아니라 칭찬이다. 물론 질책으로도 사람을 변하게 할 수는 있지만 그것은 매우 미미한 정도에 불과하다. 앞서 언급했듯이 칭찬은 햇살과 같아서 칭찬 없이는 한 인간을 성장시키고 꽃을 피우기가 어렵다.

오래 전에 가수의 꿈을 키우던 어린 소년이 있었다. 소년은 늘 배가 고팠고 생계를 위해 공장에서 일해야만 했다. 소년을 가르치는 선생님은 그에게 재능이 없다며 면박을 주었다.

아이의 어머니는 농사를 짓고 사는 가난한 사람이었다. 그녀는 아이를 칭찬하면서 "넌 할 수 있어"라고 늘 말해 주었다. 그리고 그 어머니는 돈을 아껴서 아이가 전문교육을 받을 수 있도록 해 주었다. 이것이 아이의 일생을 바꿨는데 그가 바로 이탈리아의 유명한 테너가수 엔리코 카루소(Enrico Caruso)이다.

19세기 초, 런던의 한 소년은 작가가 되는 것이 꿈이었다. 하지만 그의 아버지는 감옥에 있었고 빚은 산더미처럼 쌓여 있었다. 소년은 더럽고 지저분한 창고에서 구두약에 스티커 붙이는 일을 구했다. 그리고 밤이 되면 몰래 빠져나가 자신의 원고를 출판사에 보냈다. 매번 원고가 되돌아왔지만 소년은 포기하지 않았다.

어느 날 그의 원고가 채택되었다. 보수는 없었지만 편집자는 그가 가능성이 있다며 칭찬해 주었다. 소년은 감격한 나머지 눈물을 흘렸다. 편집자는 별 생각 없이 칭찬했을지도 모르지만, 그 한 마디는 소년의 인생을 바꾸어 놓았다. 그가 바로 《올리버 트위스트》를 쓴 찰스 디킨스(Charles John Huffam Dickens)이다.

당신의 격려 한 마디는 타인에게 더 나은 삶을 살 수 있도록 용기를 준다. 자신을 갖지 못해서 머뭇거리던 사람들도 진심이 담긴 격려의 말을 들으면 힘이 난다. 당신과 나 우리 모두에게는 칭찬과 인정이 필요하다.

 말을 잘하는 사람은 격려할 줄 아는 사람이다.

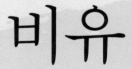

비유

CHAPTER. 10

사람들은 '이야기'를 좋아한다. 어린시절 누구나 한 번쯤은 재미난 이야기를 들어보았을 것이다. 이야기와 비유는 사람들의 마음을 사로잡는다. 그 속에서 우리는 깨달음을 얻고, 또 즐거움을 느낄 수도 있다. 걸출한 지도자나 위대한 인물은 모두 이야기의 고수이다. 사람들이 그들을 추종하는 이유 가운데 하나가 바로 그들의 말솜씨이다. 그들은 재미있는 이야기 속에 깊은 뜻을 담아 가르침을 주기도 하고, 아름다운 미래를 제시하기도 한다. 허세부리기 좋아하는 사람은 도리를 말하지만, 교양 있는 사람은 이야기를 말한다. 마찬가지로 도리만 내세우는 선생님은 위대한 이론을 '읽고' 있을 뿐이고, 좋은 선생님은 아이들이 그 이야기를 들으면서 생각하고 깨닫게 만든다.

🌸 3가지 보물 🌸

1939년 7월 7일, 화베이 연합대학에서 개강식이 거행되었다. 청팡우(成
倣吾)는 마오쩌둥을 초청해서 연설을 부탁했다. 당시 화베이 연합대학은
항일운동의 근거지에 학교를 세우려고 하고 있었다. 마오쩌둥은 "적의 후
방에 침투해서, 군중을 동원하고, 항전을 끝까지 계속하자"라고 말했다.

보고가 끝나고 마오쩌둥은 《봉신연의(封神演義)》의 구절을 인용해서 앞
으로의 구체적인 임무와 방법을 설명했다.

"강자야(姜子牙)가 곤륜산을 내려갈 때, 스승 원시천존(元始天尊)은 행
황기, 사불상, 타상편의 3가지 보물을 그에게 줍니다. 지금 여러분들은 출
발하기 위해 전선에 서 있습니다. 저도 여러분에게 '통일전선, 무장투쟁,
그리고 당의 건설' 이라는 보물을 드립니다."

회의장에서는 우뢰와 같은 박수가 울려 퍼졌다.

'비유의 고수' 장자

장자는 비유를 통해서 이치를 깨닫게 했다. 그의 말은 알아듣기 쉽고 그 속에는 깊은 뜻이 담겨 있어서, 사람들은 항상 감탄을 금치 못했다. 장난기가 넘치는 그의 묘사는 통쾌하고 시원스러웠다.

아래에 장자에 관한 일화를 소개한다.

재물과 권력을 썩은 쥐 보듯 하다

혜시가 양나라의 재상이 되자, 장자는 이를 축하해 주려고 길을 떠났다. 그런데 누가 혜시에게 와서 말하길 "장자가 재상의 자리를 빼앗기 위해 온답니다."라고 이간질을 했다. 겁이 난 혜시는 사람들을 시켜 장자를 막으려 했다. 하지만 아무리 찾아도 그는 없었다. 이미 도착해 있던 장자가 혜시를 보고 이렇게 말했다.

"남방에 봉황이라는 새가 있다네. 이 새는 한 번 날개를 펴고 날아오르면 남해에서 북해까지 날아가지. 오동나무가 아니면 쉬지 않고, 열매가 아니면 먹지 않고, 단물이 아니면 마시지 않는다네. 그런데 우둔한 부엉이 한 마리가 썩은 쥐를 먹다가 봉황을 보았지. 부엉이는 썩은 쥐를 얼른 감추고는 "꿱!" 하고 위협했다네. 자네도 지금 양나라 때문에 나를 겁주려는 것인가?"

자유로운 거북이가 되다

하루는 장자가 낚시를 하고 있었다. 초나라의 왕은 두 명의 대부(大

夫)를 보내어 장자를 불렀다.

"선생의 명성은 익히 들었습니다. 헌데 왕께서 국사문제로 고민이 많으시니 선생께서 궁에 오셔서 왕을 보필하며 백성들의 평안을 도모하시는 게 어떨지요?"

장자는 그를 쳐다보지도 않고 담담한 어조로 말했다.

"듣자하니 초나라에 죽은 지 삼천 년이나 지난 신기한 거북이가 있다고 합니다. 초나라 왕이 그놈을 대나무 상자에 담아 비단을 씌우고, 사당에 모셨지요. 두 분께 묻겠습니다. 그 거북이는 죽은 뒤에 귀하게 대접받기를 바라겠습니까, 아니면 진흙 속이라도 살아서 기어 다니길 바라겠습니까?"

"당연히 살기를 바라겠지요."

두 대부가 대답했다.

"그럼, 돌아가십시오. 나도 진흙 속에서 자유롭게 다니고 싶습니다."

가난하다고 자포자기한 것이 아니다

어느 날, 장자가 허름한 옷에 다 떨어진 신발을 신고 위(魏)왕을 알현했다. 장자를 본 위왕은 깜짝 놀랐다.

"어째서 자포자기한 사람처럼 하고 있습니까?"

이에 장자가 이렇게 말했다.

"가난한 것이지 자포자기한 것은 아닙니다. 선비가 해야 할 바를 알면서도 실행하지 않는 것을 자포자기라고 하지요. 저의 행색이 남루한 것은 때를 잘못 만나서 가난하기 때문입니다. 왕께서는 높은 나무로만 옮겨 다니는 원숭이의 무리를 못 보셨단 말입니까? 저들은 권력에 아첨하고 빌붙어 제 세상인 듯 날뛰고 있습니다. 설령 활을 잘 쏘는 후예나 봉몽(蓬蒙)이 온다 해도 저들을 어찌할 수는 없을 것입니다. 하지만 만약 가시나무라고 한다면 저 원숭이들은 맘대로 날뛰지 못하고 행여나 다칠까 두려워할 것입니다. 주변 환경이 변했기 때문에 날뛰고 싶어도 방법이 없기 때문이지요. 작금에 아둔한 지배자들이 세상을 어지럽히는데 제가 자포자기하지 않을 수가 있겠습니까?"

재물을 더러운 것 보듯 하다

송나라에 조상(曹商)이라는 사람이 왕의 명을 받고 진나라에 갔다. 갈 때는 송나라 왕이 말과 수레를 주었고, 돌아올 때는 진나라의 왕이 또 수레와 수백 마리의 말을 주었다. 송나라로 돌아오는 길에 조상은 장자를 만났다. 그는 장자를 비웃으며 말했다.

"선생께서는 가난해서 삼으로 신발을 만들어 신고, 못 먹어서 말라 비틀어진 나뭇가지처럼 변했군요. 저라면 선생님처럼 못할 겁니다. 저는 만 마리 말의 주인을 만나 수백의 마차를 얻는 것을 잘하지요."

이 말을 들은 장자가 조용히 말했다.

"듣자하니 진나라 왕이 병을 얻었다지요. 얼굴에 난 종기를 터뜨려 주면 4마리의 말을 얻고, 치질을 핥아주면 20마리의 말을 얻는다고 합니다. 또, 그 병을 치료해 주면 더 많은 상을 내린다고 하던데 조상께서 그의 항문을 핥는 일만 하다가 오셨나 보군요. 어찌 이렇게 많은 말을 얻으셨습니까?"

또, 비슷한 이야기가 있다. 한 사람이 송양왕을 알현하고 많은 상을 받았다. 그가 마차를 타고 가다가 장자를 보고 자랑했다. 그러자 장자가 그에게 말했다.

"어느 강가에 너무 가난하여 갈대를 짜서 연명해 가는 부자가 살고 있었습니다. 어느 날 아들이 헤엄을 치다가 깊은 물속에서 진주를 발견했지요. 그의 아비가 이르길 "얼른 그 진주를 없애라. 그 진주를 가지려고 하다가는 잠든 용을 깨우고 말 게야. 흑룡이 깨어나면 우리 부자의 목숨도 위험하다"라고 했지요. 작금의 송나라를 물속과 비교할 수 있겠습니까? 설령 송나라 왕이 그 용처럼 흉포하다 해도 비할 바가 아니지요. 이렇게 마차를 얻으셨으니 그는 자고 있겠군요. 만약 왕이 깨어나면 당신은 목숨을 부지하기 어려울 겁니다."

위대한 외교관, 안자(晏子)

안자는 제나라의 중신이었는데 그 말재주가 지혜롭고 훌륭하여 명성이 자자했다. 한 번은 제나라 왕이 안자를 초나라에 보냈다. 초나라 왕은 그 기회를 놓치지 않았다. 그는 안자가 오는 동안 제나라를 모욕할만한 방법에 고심했다.

초나라 왕은 안자의 키가 작다는 것을 떠올리고 성문에 작은 쪽문을 만들어 안자를 맞이할 준비를 갖췄다. 안자가 성문에 도착하자, 문을 지키던 병사들은 작은 쪽문을 열면서 그 문으로 들어가라고 말했다. 안자는 왕이 무슨 생각을 하고 있는지 훤히 들여다보였다. 그는 문 앞에 서서 병사에게 말했다.

"가서 왕에게 전해라. 여기가 어느 나라이더냐? 내가 출사를 나온 곳이 개의 나라이면 당연히 이 문으로 들어가야겠지. 허나 내가 방문한 초나라가 개들이 사는 곳이 아니라면 나는 큰 문으로 들어가야겠다."

병사가 궁으로 들어가 왕에게 전했다. 그 말을 들은 왕은 어쩔 수 없이 안자를 큰문으로 들어오게 했다. 초나라 왕이 안자를 보고는 짐짓 모르는 척 물었다.

"제나라 사람이 많지 않다고 들었네."

"무슨 말씀이십니까? 제나라에는 수많은 사람들이 살고 있습니다. 제나라에서는 거리를 지나다닐 때 서로가 몸을 비스듬하게 해야 걸을 수 있을 정도지요. 그들이 한꺼번에 손을 들면 태양을 가리고, 땀을 흘리면 비가 된답니다."

안자의 거침없는 대답에 초왕은 크게 웃으며 물었다.

"그렇게 사람이 많은데 어째서 자네를 사신으로 보냈단 말인가?"

안자는 흔들림 없이 대답했다.

"왕께서 모르시는 게 있지요. 저희 제나라에서는 상대국의 군왕이 예를 아는 자이면 예를 아는 이를 사신으로 보냅니다. 또, 상대국의 군왕이 현명한 자라면 지혜로운 이를 사신으로 보내지요. 헌데 이번에는 저보다 더 우둔한 이를 찾을 수가 없어서 제가 사신으로 오게 되었습니다."

이 말을 들은 초나라 왕은 울컥했지만 아무것도 모르는 척 했다. 그는 안자를 환영하는 연회를 열었다. 연회 중간에 두 명의 병사가 죄인을 잡아 왕에게 데리고 왔다. 초나라 왕은 병사에게 이 사람이 어떤 죄를 지었냐고 물었다. 그러자 이미 지시를 받은 병사가 대답했다.

"이 자는 제나라의 강도입니다."

이에 초나라 왕은 기다렸다는 듯이 안자에게 비꼬듯 물었다.

"제나라 사람들은 어찌 저런 일을 한단 말인가?"

이에 안자가 고개를 가로저으며 이렇게 말했다.

"듣기로, 귤이 회남에서 자라면 귤이 되지만 회북에서 자라면 탱자로 변한다고 합니다. 그 두 나무의 잎사귀는 비슷하지만 열매가 전혀 다르질 않습니까? 어째서 이렇게 되는 걸까요? 그 이유는 물과 토양이 다르기 때문입니다. 제나라에서 사는 백성들은 남의 물건을 탐하지 않고 자신의 본분을 지키며 살아갑니다. 그런데 초나라에 와서는 도적질을 하고 있으니 이것이 의미하는 바가 무엇이겠습니까? 제나라 안에서는 죄를 짓지 않았는데 초나라에 와서는 이렇게 변했으니 두 나라가 참으로 다르군요."

안자는 뛰어난 말솜씨로 초나라 왕의 조롱을 가차 없이 반박했다. 이것은 자신뿐 아니라 제나라를 대신한 논쟁이었다. 때문에 안자는 역사상 가장 위대한 외교사절 가운데 한 명으로 손꼽힌다.

손님을 대할 때는 반드시 예의를 지켜야 한다. 초나라 왕처럼 함부로 말을 하면 상대방의 기분을 상하게 할 뿐만 아니라 결국은 자기 얼굴에 침을 뱉는 것과 마찬가지이다.

안자는 매우 총명하고 기지가 넘치는 신하였다. 초나라 왕이 계속 시비를 걸었지만 안자는 조금도 흐트러지지 않고 오히려 초나라 왕을 탄복하게 했다.

제경공이 아끼던 개가 죽었다. 경공은 명령을 내려 그 개에게 관을 짜주고 장례식을 성대하게 치르라고 했다. 안자가 이 말을 듣고 급히 달려가 그를 만류했다.

하지만 제경공은 "재미있지 않소!"라고 말했다.

안자는 간청했다.

"왕이시여, 이것은 옳지 않은 행동입니다. 백성의 돈을 받아서 백성에게 베풀지 않는 나라가 무슨 희망이 있겠습니까? 가난하고 늙은 백성들은 얼어 죽고도 제를 치루지 못해 그 영혼이 구천을 떠도는데, 한낱 개에게 제사를 지내다니요. 만약 이 사실을 백성들이 알게 된다면 왕을 원망할 것입니다. 이웃나라도 우리를 비웃겠지요. 다시 한 번 생각해 주십시오."

제경공은 안자의 충언을 듣고 나서 개에게 장례를 치러주라던 명을 거뒀다.

제경공은 술 마시기를 좋아해서 한 번 마셨다 하면 끝이 없었다. 이에 대신이었던 현장(弦章)이 죽기를 각오하고 간곡히 청하였다.

"왕께서는 이미 칠일 밤낮으로 술을 드셨습니다. 이렇게 국사를 등한시하시면 안 됩니다. 술을 끊지 않으시겠다면 차라리 제게 죽음을 내리소서."

뒤에 안자가 제경공을 만나길 청하자, 경공이 안자에게 말했다.

"현장이 날더러 술을 끊으라고 하네. 그렇지 않으면 자신에게 죽음을 명하라고 하더군. 내가 그의 말을 들으면 앞으로는 술을 마시지 못할 테고, 듣지 않으면 그가 죽겠다고 할 테니 이일을 어쩌면 좋단 말인가?"

안자가 대답했다.

"현장은 왕처럼 도량이 큰 분을 만났으니 참으로 행운입니다! 만약 하(夏)나라의 걸왕이나, 은(殷)나라의 주왕과 같은 폭군이었다면 그는 이미 그 목숨을 부지하지 못했을 겁니다."

이후 제경공은 술을 입에 대지 않았다.

먹고 노는 것을 싫어하는 사람은 없겠지만 이 때에도 절제가 필요하며 적당히 멈출 줄 아는 것이 중요하다. 우리는 자신의 분수를 지킬 줄 알아야 한다. 당신의 충고가 상대의 미움을 살까봐 두려워하지 마라. 주변사람들이 방탕한 생활에 빠졌다면 입을 다물지 말고 진심으로 충고하라.

제나라 경공은 타인의 충고를 거리낌이 없이 받아들이고 잘못을 고치려는 도량이 있었기에 우리에게 또 다른 교훈을 준다.

다른 일에 빗대어 말하는 지혜

추기(鄒忌)가 제나라 왕을 비웃다

추기는 팔 척 장신에 수려한 용모를 지녔다. 매일 아침 그는 화려하게 치장하고 거울을 보며 아내에게 물었다.

"나하고 성 북쪽에 살고 있는 서공 중에 누가 더 멋지다고 생각하시오?"

"당연히 당신이지요. 서공 따위를 어찌 당신에 비할 수가 있겠습니까?"

그의 아내는 머뭇거림 없이 대답했다. 원래 성 북쪽에 사는 서공은 제나라의 미남이었다. 추기는 부인의 말을 믿을 수가 없어서 첩에게 또다시 물어 보았다.

"서공과 나, 두 사람 중에서 누가 더 잘 생겼소?"

첩 역시 부인과 같은 대답을 했다.

다음 날, 손님이 찾아왔다. 추기는 손님과 마주 앉아 이야기를 하다가 그에게 물었다.

"나하고 서공 중에서 누가 더 잘 생겼습니까?"

"서공이 당신보다는 못하지요."

손님의 대답 또한 마찬가지였다. 또 하루가 지나자 이번에는 서공이 찾아왔다. 추기가 자세히 그를 보니, 자신이 그보다 못난 것 같았다. 다시 한 번 거울에 자신을 비춰보았지만 아무리 봐도 차이가 너무 심했다. 그는 깊은 생각에 잠겼다. 그리고 깨달았다.

"부인이 나를 칭찬한 것은 나를 사랑하기 때문이고, 첩이 날 칭찬한 것은 내가 두려워서겠지. 그 손님이 나를 칭찬한 것은 나에게 부탁을 하려 했던 것이군."

그래서 추기는 조정에 나가 위왕을 알현하고는 이렇게 말했다.

"제가 서공보다 아름답지 않음을 알았습니다. 하지만 제 아내는 저를 사랑해서, 제 첩은 저를 두려워해서, 또 제 손님은 제게 부탁을 하기 위해서 제가 서공보다 아름답다고 말했지요. 오늘 날, 제나라의 국토는 일천 리를 넘습니다. 그 안에 백이십 개의 성이 있으며, 왕후와 왕비를 비롯하여 시종들까지 왕을 사랑하지 않는 사람은 없습니다. 조정의 신하들은 왕을 두려워하지 않는 자가 없으며, 전국에는 왕의 은덕을 바라지 않는 자가 없지요. 상황이 이러하니 왕께서는 진실을 보기가 매우 어렵겠습니다."

추기의 말을 들은 위왕은 명령을 내렸다.

"나의 잘못을 진언하는 관리와 백성들에게는 큰 상을 내리겠다. 또, 상소를 올려 충언을 하는 자에게도 그에 합당한 상을 내릴 것이다. 만약 백성들이 모인 자리에서 나의 과오를 비판한다면 그에게도 큰 상을 내리리라."

명령이 떨어지기 무섭게 수많은 대신들이 찾아와 왕에게 잘못된 점을 말했다. 관가와 그 주변은 왕에게 진언을 하려는 사람들로 북새통을 이뤘다. 그렇게 몇 개월이 지나자 진언을 하는 사람들은 점차 줄어들었고, 일 년이 지난 후에는 말하고 싶어도 더 이상 할말이 없었다.

이 일을 전해 들은 주변 국가들은 제나라에 와서 예를 올리고 그의 현명함을 칭송했다. 이것이 사람들이 말하는 "조정에 앉아 다른 나라를 정복하다(在朝廷上征服了別國)"이다.

촉룡(觸龍)이 조태후에게 말하다

진(晉)의 조태후가 막 정권을 잡았을 때 조나라의 거센 공격이 시작되었다. 이에 조태후는 제나라에 도움을 청했다. 그러자 제나라가 답신을 보냈다.

"반드시 장안군(長安君. 조태후의 막내아들-역주)을 인질로 보내시오. 그럼 군대를 파견하겠소."

조태후는 이를 거절했다. 이에 대신들이 그러면 안 된다고 간언하자, 태후는 주변의 모든 이들을 보며 단호하게 말했다.

"만약 다시 한 번 장안군을 인질로 보내라고 말하는 자가 있으면 내가 그의 얼굴에 침을 뱉을 것이오!"

얼마 후 좌사관 촉룡이 태후에게 만나기를 청했다. 노기등등한 태후가 그를 기다리고 있었다. 촉룡은 종종 걸음으로 다가와 태후에게 이뢰었다.

"제 발에 문제가 생겨서 빨리 걷지를 못합니다. 왕을 알현한 지 너무 오래되어 참으로 죄송했습니다. 옥체 편안하신지 궁금하여 이렇게 만나 뵈러 왔습니다."

"나는 탈것에 의지해서만 움직일 수가 있네."

태후의 말에 촉룡이 걱정스레 물었다.

"매일 음식은 잘 드십니까?"

"죽만 먹고 있다네."

"저는 요즘 입맛이 없어 억지로 산책을 합니다. 매일 삼, 사리를 걸으면 식욕도 생기고 몸도 편안해지더군요."

"나는 그럴 수가 없네."

대화를 하는 동안 태후의 그의 노기는 점점 사라지고 있었다.

"제게 서기라는 아들이 있는데, 나이가 어리고 아직 부족하지만 제가 매우 총애하고 있습니다. 태후께서 그 아이를 위사(衛土. 근위병 또는 호위병을 말함-역주)로 넣어주시길 간청 드립니다."

촉룡의 말을 듣고 태후는 아이의 나이를 물었다.

"열다섯이 되었습니다. 출가하기엔 아직 어리나 제가 죽기 전에 왕께 부탁을 드리러 왔습니다."

"자네는 그 아이를 아끼는가?"

"어미보다 더 사랑하지요."

"설마 어미 된 자의 마음보다 더 깊을 수 있겠는가?"

"제가 보기에 왕께서 연후(燕后)를 아끼는 마음은 장안군을 아끼는 마음보다 깊습니다."

"자네가 틀렸네. 나는 연후보다는 장안군을 훨씬 사랑한다네."

"부모의 자식 사랑은 반드시 앞을 내다볼 수 있어야 합니다. 왕께서 연후를 출가시킬 때, 손목을 잡고 가지 말라며 슬피 우셨지요. 어찌나 가슴이 아픈지 보는 이도 눈시울을 적셨습니다. 허나 연후가 떠나자 왕께서는 기도를 드릴 때마다 '다시는 돌아오지 못하게 해 달라'고 빌지 않았습니까? 그렇게 한 것은 앞날을 기약하여 그 자손이

대대로 연나라 왕의 대를 잇게 하고자 함이 아닙니까?"

촉룡의 물음에 태후는 그렇다고 말했다.

"지금부터 조나라 왕의 삼대를 거슬러 올라가서, 역대 조나라 군주의 자손 중에 제후로 봉해져서 그들의 후사가 그 직위를 잇는 예가 아직도 존재합니까? 조나라뿐만 아니라 제후국에서도 이런 경우가 있습니까?"

태후는 들어본 일이 없다고 말했다.

그러자 촉룡은 기다렸다는 듯이 말을 이었다.

"운이 나빠서 자신의 대에 재앙이 닥친 사람도 있지만, 요행으로 재앙을 피했다 한들 후대에 와서는 결국 망하게 되는 것입니다. 그들의 자손이라고 모두 나쁜 사람만 있겠습니까? 하지만 높은 지위를 누리면서도 공이 없고, 높은 봉록을 받으면서 일 하지 않고 수많은 보물을 가지고 있기 때문에 그리된 것입니다. 지금 왕께서는 장안군에게 고귀한 지위와, 비옥한 영토를 하사하셨지요. 만약 왕께서 계시지 않다면 장안군이 조나라에서 어떻게 입지를 다질 수가 있겠습니까? 왕께서 생각이 짧으셨습니다. 그래서 제가 왕의 장안군에 대한 사랑이 연후에 못 미친다고 한 것입니다."

그제서야 태후는 고집을 꺾고 촉룡의 청을 들어주었다.

"알겠소. 그대가 말한 대로 장안군을 보내겠오."

이렇게 하여 장안군은 제나라의 인질이 되었고, 제나라는 조나라에 지원병을 보내게 되었다.

조나라의 혜문왕이 죽고, 태후가 집정을 시작하자 세상이 매우 혼란스러웠다. 진나라는 이 기회를 노려 군대를 보내 조나라를 위험에 빠뜨렸다. 태후는 조나라와 관계가 좋았던 제나라의 지원을 요청했다. 제나라왕은 조건을 내걸었다. 그 조건은 장안군을 제나라에 인질로 보내라는 것이었다. 태후는 절대로 장안군을 인질로 보내려 하지 않았기에 나라가 더 큰 위기에 봉착했다. 무엇이 태후의 마음을 바꿔놓았는가?

촉룡은 자신이 처한 상황을 잘 알고 있었다. 그는 태후가 동의할 만한 방법을 찾느라 고민했다. 자신이 찾아온 이유를 태후가 알고 있으리라 생각하니, 그가 이미 마음의 준비를 했을 것이라 여겨졌다. 그래서 촉룡은 그 적의부터 풀어야만 이야기가 될 듯 했다. 촉룡은 먼저 왕에게 안부를 전했고 그런 다음, 부모가 자식을 사랑하는 마음에 대해 이야기했다. 그렇게 해서 태후가 촉룡에게 가진 적의는 사라졌다.

촉룡은 때를 놓치지 않고 자신의 아들을 입궁시켜 위사가 되게 해달라고 부탁했다. 이 말을 들은 태후는 촉룡이 자신의 아들을 '뒷문'으로 등용하려 한다고 착각했다. 게다가 같은 부모로서 태후는 그 마음을 알 수 있었다. 또, 촉룡은 태후가 어린 아들인 장안군을 좋아한다는 사실을 알면서도 반대로 딸을 더 아끼는 것처럼 말했다. 그리고 촉룡은 역사를 예로 들어서 장안군이 나라에 공을 세워야 그 입지도 탄탄해진다는 이치를 설명했다. 결과적으로, 촉룡의 말이 다 끝나지도 않았을 때 태후는 장안군을 인질로 보내기로 결정했다. 촉룡은 정확한 논리적 근거와 뛰어난 언변으로 태후를 납득시켰다. 그의 나라 사랑과 장안군을 위하는 충정이 태후의 마음을 움직였던 것이다.

비유를 좋아한 마오쩌둥

마오쩌둥은 비유적인 표현으로 말하길 좋아했다. 그의 비유에는 자신의 사상과 기지가 번뜩였다. 그의 오묘한 비유법은 보기에는 간단해 보이지만 실은 엄청난 고민과 사상의 결과였다. 사람들과 얘기할 때 그가 자주 사용하는 비유법에는 타인을 제압하는 힘이 담겨져 있다.

1941년 11월, 리딩밍(李鼎銘) 선생이 '정병간정(精兵簡政)'이라는 건의를 했다. 당내의 몇몇 사람은 그 뜻을 알 수 없었고, 심지어 저의를 의심하는 사람도 있었다.

하지만 마오쩌둥은 그 정책의 훌륭함을 알아보고 과감히 수용했다. 그리고 《매우 중요한 정책(一個極其重要的政策)》이라는 글을 써서 이 정책에 대한 설명을 하고 널리 보급했다. 그 글에 따르면, "근거지의 상황에 맞게 겨울옷을 여름옷으로 갈아입어야 한다. 그래야 적과 전투하기에 편하다. 지금 우리는 머리가 무겁고 발은 가벼우니 전투를 하기에 적합하지 않다. 손행자와 철산공주의 예를 보자. 철산공주는 무공이 뛰어났지만 손행자에게는 변신을 하는 재주가 있었다. 결국 손행자가 작은 벌레로 변해 철산공주의 몸속으로 들어가 그녀는 참패하고 말았다. 리우종위안(柳宗元)의 "검려지기(黔驢之技)"라는 말이 있다. 덩치가 큰 나귀가 작은 호랑이에게 먹혔다. 우리 팔로군의 신사군이 바로 손행자와 호랑이 같은 존재이다. 우리에게도 철산공주와 나귀 같은 일본에게 대응할 방법이 반드시 있다."라고 적어 놓았다.

전문은 길지 않지만 이 적절한 비유는 "정병간정"의 필요성과 가능
성을 잘 설명하고 있다. 마오쩌둥의 비유는 선명한 정치성, 정책성,
풍부한 감성으로 사람들의 마음을 움직였다.

1949년, 마오쩌둥이 베이징대학에 들어갔을 때, 당 외의 유명한 진
보인사들을 불러 건국에 대한 상의를 했다. 어느 날, 쓰투메이탕(司徒
美堂)이 그를 방문하기로 했다. 하지만 그는 늙고 병들어 차를 타고 올
수가 없었다. 그래서 마오쩌둥은 긴 의자에 나무를 묶어서 가마처럼
만들었다. 그리고 노인을 태워서 데리고 왔다. 쓰투메이탕과 이야기
하면서 마오쩌둥은 그의 공산당 정책에 대한 이해가 매우 얕고 문제
가 있음을 알게 되었다.

"우리는 앞으로도 함께 일을 해야 합니다. 다같이 가마를 타고 또
다같이 가마를 들어야 하는 사람들입니다. 모든 애국지사들은 자신
의 장점을 키워 인민을 위해 복무해야 합니다. 우리 모두는 자신의 책
임과 의무를 다해야 하겠지요."

마오쩌둥의 '가마를 타고, 가마를 든다'는 말은 쉽고도 생동감 있
게 공산당과 민주인사들의 공동정책을 표현했다. 쓰투메이탕은 방금
'가마'를 탔으니 어찌 마오쩌둥의 말을 믿지 않을 수 있겠는가?

1949년 2월 22일, 보쭤이(博作義)가 마오쩌둥의 요청을 받아서 허베
이성 평산에 있는 중앙주둔지에 왔다. 마오쩌둥은 직접 보쭤이를 맞
으러 나갔다. 그를 본 보쭤이가 인사를 했다.

"용서를 빌러 왔습니다."

마오쩌둥은 그의 손을 잡으면서 말했다.

"과거에 우리는 전쟁에서 무기를 들고 만났지만, 오늘 우리는 친척이 되었습니다. 쨩제스(蔣介石)가 이번 내전을 일으키고 대중을 배반하고 떠났지요. 결국 여러분이 그를 떼어냈습니다."

이 말을 들은 보쭤이는 힘이 났다. 베이징이 돌아온 뒤 그는 주변사람들에게 마오쩌둥에 대해서 말하기 시작했다.

"정말 대단한 사람이야. 잠깐 얘기했을 뿐인데 십 년을 공부한 기분이라니까! 모든 게 너무 분명해졌어."

'전쟁에서 총을 겨누던 이들이 시바이포(西柏坡)에 도착하면 사촌이 된다.' 마오쩌둥은 이 비유를 이용해서 보쭤이와 공산당의 관계에 변화가 생겼음을 분명히 설명한 것이다. 그날 이후, 보쭤이는 공산당과 한 식구처럼 가까운 사이가 되었다. 정치적 이해관계 속에서 인정은 때로 기묘한 작용을 한다. 베이징으로 돌아온 보쭤이는《북평화평통전(北平和平通電)》을 발표한다.

오늘 날 , 마오쩌둥처럼 위대한 사람들이 점점 줄어들고 있다. 하지만 이들의 이야기는 수많은 사람들의 입에 오르내리며 전해질 것이다. 당시 그와 함께 했거나 그의 얘기를 들은 사람들은 여전히 그의 말을 기억하고 있다.

마오쩌둥의 곁에서 일하던 사람이 그와 한 지붕 밑에 살고 있었다. 그래서 그는 아직도 생생하게 마오쩌둥의 일화를 기억하고 있다.

샨베이 연안에서, 리인챠오(李銀橋)는 마오쩌둥이 얼굴 닦는 수건과 발 닦는 수건을 함께 사용하는 것을 보았다. 게다가 그 수건은 매우 오래된 것이었다. 리인챠오는 새로운 수건으로 얼굴을 닦고, 예전 것으로 발을 닦으라고 말했다. 그러자 마오쩌둥은 이렇게 대답했다.

"나누는 것은 불평등합니다. 매일같이 행군을 하고 싸움을 하는데, 얼굴보다는 발이 더 고생이 많지요. 그러니 나누면 발이 기분 상할 겁니다."

또 한 번은 리인챠오가 실수로 방귀를 뀌었다. 그는 너무 창피했다. 이를 본 마오쩌둥이 웃으면서 말했다.

"살아 있는데 방귀를 뀌지 않는 사람이 어디 있습니까? 방귀가 서운할 겁니다. 냄새도 구수한데 뭘 그러십니까?"

신중국이 성립된 후, 마오쩌둥은 기차를 타게 되었다. 야오슈시엔(姚淑賢)의 기억에 따르면, 그 열차는 톈진(天津)으로 향하고 있었다. 마오쩌둥이 식당 칸에서 말했다.

"오늘 샤오야오(小姚)가 여러분을 초청했으니 구불리포자(拘不理包子)를 먹어봅시다. 그녀가 톈진사람이라고 하더군요."

잠시 후 마오쩌둥은 만두를 한입 베어 물고는 옆사람에게 말했다.

"개도 멀리한다고 하지 않는가(拘不理), 빨리 먹게, 안 먹으면 욕먹을지도 모르네."

그 한 마디에 좌중은 웃음바다가 되었다.

1958년 9월, 마오쩌둥은《신민완보(新民晚報)》의 편집장인 챠오추거우(趙超構)를 만나게 되었는데 자리에 앉자마자 던진 첫마디가 "송나라 고종의 형님이 오셨군요."였다. 자리에 있던 이들은 순간 의아했지만 이내 그 뜻을 알아챘다. 송나라 고종이 바로 추거우(超構)였다.

1959년, 마오쩌둥은 샤오샨충(韶山沖)에 돌아와서 고향사람들과 저녁을 먹으며 어린시절 함께 공부했던 마오위쥬(毛禹珠)선생에게 술을 권했다. 그는 "주석께서 직접 술을 따르다니요. 어떻게 그럴 수가 있겠습니까?"라며 사양했다. 이 말을 들은 마오쩌둥이 "존경하는 노 선배님들이신데 당연히 제가 술을 올려야지요."라고 했다. 이 광경을 보고 겸손한 마오쩌둥의 행동에 감동하지 않는 이가 없었다.

소진(蘇秦)과 장의(張儀)의 혀

전국시대에 군웅이 난무했다.

소진과 장의는 유명한 지략가인 귀곡자(鬼谷子)의 문하에서 함께 공부를 하며 뜻을 키웠다. 소진이 학업을 완수하고 진나라 혜왕에게 찾아가기로 했다. 왕을 만난 자리에서 소진은 세상의 흐름에 대해 짚으면서, 진왕이 나라의 강력한 힘과 지리적인 이점을 이용해서 전쟁을 일으켜야 한다고 말했다. 바로 천하를 통일해야 한다는 이야기였다. 그러나 혜왕은 소진의 말에 전혀 수긍하지 않았다. 그는 완곡한 어조로 소진의 이야기를 거절했고, 진나라가 천하를 통일하기에는 시기

상조라는 생각을 했다.

소진은 계속해서 진나라 왕에게 서신을 보내어 강대한 힘으로 주변 국을 제압하는 것이 평화로운 세상을 만드는 길이라고 역설했다. 아무리 말해도 혜왕은 전혀 동요하지 않았고 오히려 소진이 허황된 꿈을 꾸는 실속 없는 소인배라고 생각했다.

소진은 결국 집으로 돌아와야만 했다. 집에 왔지만 아무도 그를 알아주지 않았다. 소진은 처음부터 다시 시작하기로 마음먹었다. 그래서 열심히 책을 읽고 정진했다. 그리고 그는 각국의 이해관계를 알기 위해 노력했다. 소진은 《음부경(陰符經)》을 열심히 읽으며 각국의 이해 충돌 관계를 분석하고 합당한 책략을 세웠다.

일 년 후, 소진은 현재 시국을 완전히 파악했고 새로운 전략을 만들었다. 소진은 다시 한 번 길을 떠났다. 먼저 약소국인 연나라에 들렀다. 그는 연나라의 문후(文侯)에게 강대한 나라가 되기 위한 정책이 있다고 했다. 먼저 제(齊), 초(楚), 연(燕), 한(韓), 조(趙), 위(魏)나라를 연합해서 진나라의 위협을 막아야 한다고 강조했다. 문후는 소진의 생각이 매우 훌륭함을 알고 각종 보물과 마차를 주어 조나라에 보냈다. 소진의 이야기를 들은 왕은 무릎을 치며 기뻐했다. 조나라왕은 그를 무안군으로 봉하고 호화로운 상을 주었다. 그리고 소진이 다른 나라에 가서 합종술[1]을 선전하여 진나라에 대항하는 연합군을 만들 수 있게 했다.

---

1) 合縱術 : 중국 전국시대에 소진이 주창하여 한, 위, 조, 연, 초, 제의 여섯 나라를 설득해서 진에게 맞서게 한 공수동맹의 정책

소진은 위풍당당하게 각 나라를 돌며, 자신의 세치 혀로 제왕과 문무백관을 설득했다. 그리하여 한, 위, 초, 제나라는 이 계획에 참여하게 되었다. 소진이 집정한 15년의 기간 동안 진나라의 군대는 감히 함곡관에서 한 발자국도 움직이지 못했다.

소진이 여섯 나라의 동의를 구하는 동안, 장의는 빈둥거리며 놀고 있었다. 하루는 상국의 집에 갔는데 하필이면 그 집에서 귀중한 물건이 없어진 사건이 발생했다. 상국의 부하는 장의가 도둑놈처럼 사방을 두리번거리자 그가 훔쳤다고 의심했다. 그리고는 그를 죽도록 때려서 대문 밖에 버렸다. 장의는 매를 맞고 정신이 혼미한 상태에서 어렴풋이 아내의 울음소리를 들었다. 그래서 아내에게 물었다.

"내 혀가 아직 멀쩡합니까?"

"다 나으면 괜찮을 거예요."

울먹이는 아내의 대답을 듣고 장의는 매우 기뻐하며 말했다.

"내 혀가 무사하다면 걱정 없소. 난 반드시 출세할 수 있을 겁니다."

장의는 이미 상당한 위치에 있는 소진을 찾아가기로 했다. 소진은 장의가 온다는 소식을 듣고 매우 기뻤다. 그는 자신의 계획을 도와줄 사람을 찾고 있었기 때문이다. 그리고 장의는 그 자리에 가장 적합한 인물이었다. 소진은 여섯 나라의 이익이 다르기 때문에 진나라의 위협이 사라지는 순간 내분이 발생할 것을 이미 알고 있었다. 합종술의 무대가 사라지는 것이었다. 그렇게 되면 제후들은 자신의 말을 듣지 않을 것이다. 소진은 장의를 자신의 협조자로 삼아 진나라에 보내야겠다고 마음먹었다. 소진은 어떻게 해야 장의가 해낼 수 있을지를 알고 있었다.

　장의가 찾아오자 소진은 그를 쳐다보지도 않고 냉담하게 대했다. 대전당(大殿堂)에서 연회를 열어 손님들을 초대하고, 장의에게는 구석진 자리에서 혼자 먹도록 했다. 손님들의 식탁 위에는 산해진미가 가득 놓여 있었지만 장의에게 돌아온 것은 기껏 두 가지 음식뿐이었다. 밥을 먹고 난 뒤에 장의는 자신이 온 목적을 말했다. 소진은 귀찮아하면서 나중에 얘기하자고 했다. 소진이 자신을 너무나 냉정하게 대하자 장의는 기분이 상했다. 점점 화가 난 장의는 소진을 무너뜨리겠다고 결심했다. 이미 여섯 나라는 소진의 손아귀에 있어 그를 받아줄 리가 없다고 생각한 장의는 진나라에 가서 소진의 합종술을 무너뜨릴 방도를 알려주기로 했다.

　그러나 대체 무슨 돈으로 진나라까지 간단 말인가? 장의가 절망적인 날을 보내고 있을 때, 어떤 이가 다가와 말했다. 그 사람은 장의가 평범치 않은 운명을 가진 사람이며 진나라에 가면 반드시 성공을 거둔다고 했다. 게다가 그는 장의에게 돈을 주고 직접 진나라까지 함께 가주겠다고 했다.

　장의의 말솜씨는 소진보다 한 수 위였다. 진나라 왕을 만난 장의는 각 나라의 이해관계에 대해 설명했다. 그리고 진나라 외교의 문제점을 비판했다. 마지막으로 소진의 합종술을 무너뜨릴 전략을 제시했는데 그것이 연횡전략[1]이다. 합종술을 막을 방도가 없어 고심하던 진

---

1) 連橫: 진의 동쪽의 여섯 나라를 가로로 연결하여 진을 섬기게 하려했던 정책임

나라 왕은 장의의 이야기를 듣자, 드디어 수수께끼를 풀리는 것 같았다. 왕은 그를 대관으로 봉하고 얼마 지나지 않아 진나라의 상국으로 삼았다.

예전에 장의를 도와주었던 사람은 그의 성공을 보자 이별을 고하러 찾아왔다. 장의가 놀라면서 물었다.

"선생이 없었다면 오늘날의 장의도 없습니다. 선생님의 도움으로 여기까지 왔고, 이제 그 은혜를 갚으려고 하는데 어째서 가려고 하십니까?"

그 사람은 장의를 보고 웃으면서 말했다.

"당신을 도운 것은 내가 아니고 소진입니다. 그는 당신이 천하에 보기 드문 인재란 걸 알고 있었습니다. 하지만 눈앞의 작은 이익에만 빠질까 염려하여 일부러 당신의 투지를 유발한 것이지요. 이제 당신이 진나라의 권력을 잡았으니 부탁이 있습니다. 여섯 나라를 위협하되 전쟁을 일으키지 말고 합종술을 유지하도록 해 주십시오. 이것이 소진상국에게 하는 보답이라고 생각하면 됩니다."

장의는 그제야 모든 상황을 알 수 있었다. 이것이 전부 소진의 계획이었던 것이다.

"돌아가서 소진상국에게 감사하다는 말을 전해주시오. 그리고 그가 이 세상에 있는 한, 진나라가 합종술을 파괴하는 일은 없을 거라고 하시오."

한편 소진은 그간 많은 사람들의 미움을 샀다. 어떤 사람은 그가 죽기를 바라기도 했다. 어느 날 그를 미워하던 제나라 대신이 자객을 보내 소진을 죽이려 했다. 소진은 중상을 입고 죽기 직전에 제왕에게 이렇게 전했다.

"제가 죽고 나면 시체를 찢어서 죽이는 형을 내리십시오. 그리고 제가 연나라에서 보낸 첩자였다고 말씀하십시오. 제가 죽었으니 이제 연나라는 안심해도 된다, 절 죽인 사람에게는 상을 내리겠다고 선포하십시오. 그러면 반드시 범인을 잡을 수 있을 겁니다."

소진이 죽자 왕은 그가 시킨대로 했다. 그러자 소진을 죽인 대신이 달려와 상을 달라고 했다. 제나라 왕은 그를 잡아 죽이고 소진의 복수를 갚았다.

소진이 죽고 난 뒤, 장의는 진나라를 위해 많은 공헌을 했다. 그리고 진나라를 대표해서 각국을 돌아다녔으며, 여섯 나라의 분열을 조장했다. 그들은 서로 칼을 겨눴고, 진나라는 잠자코 앉아서 그 이득을 취했다. 그리하여 전국시대 후기에 합종술은 결국 끝나고 말았다.

소진과 장의, 두 사람은 자신들의 세치 혀로 수십 년 동안 전국시대를 좌지우지했다. 이렇듯 사람의 말은 매우 두려운 존재다.

 말을 잘하는 사람은 이야기를 잘하는 사람이다.

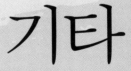

기타

앞에서 이야기한 것은 달변가들의 법칙이다. 말을 잘 하는 사람들은 칭찬, 경청, 진심, 질문, 유머, 함축, 사양, 간결, 격려, 비유의 10가지 법칙을 자유자재로 사용한다. 그런데 이 밖에도 중요한 것이 있다. 바로 말하는 사람의 수준이다. 가장 말을 잘하는 사람은 낙관적인 성격, 웃음, 친화력으로 사람들의 호감과 신뢰를 얻으며 자신감을 아주 중요하게 생각한다. 자신감이야말로 앞서 소개된 법칙을 더욱 공고히 하는 버팀목이 된다. 광동에는 "무엇을 배우든 가장 중요한 것은 모든 기술을 전부 다 익히는 것이다"라는 말이 있다. 의사소통에서 '멀티 플레이어'가 되고 싶은가? 그렇다면 이 책을 끝까지 읽어라.

저우언라이의 혀가 홍위병을 이기다

홍위병은 특정시대의 산물이다. 그들은 풋내기였지만 누구도 그들에게 밉보일 수는 없었다. 하지만 저우언라이 총리는 자신의 비범한 말재주를 이용해 여러 차례의 극단적인 상황을 저지했다.

홍위병이 함부로 날뛰자 저우총리가 이렇게 말했다.

"총으로 사람을 죽이는 것은 어렵지 않습니다. 조준만 잘하면 되는 일이지요. 또, 주먹으로 사람을 상하게 하는 것도 쉽습니다. 힘을 주어 때리면 그만이지요. 그러나 무기로 하는 투쟁은 신체를 상하게 할 뿐이지만 말과 글로 하는 투쟁은 영혼을 두드릴 수 있습니다."

그의 이 말은 무력이 아니라 말과 글로써 싸워야 한다는 것이었다.

상해의 홍위병이 일만 명의 자본가를 공개적으로 처벌하자고 했다. 이에 저우언라이가 그들을 만류했다.

"우리나라는 강대합니다. 그럴 필요가 없어요. 계급은 소멸되어야 하지만, 사람을 소멸시키면 안 됩니다."

한 홍위병이 이슬람교를 없애자는 대자보를 붙이자 저우언라이가 반박했다.

"세상에 이슬람국가는 엄청나게 많습니다. 인도, 파키스탄만 해도 4억 인구가 넘지요. 어떻게 이들을 완전히 소멸시킨다는 말입니까? 답은 '불가능하다'입니다."

보디랭귀지는 말보다 빠르다

보디랭귀지는 무시할 수 없는 소통의 수단이다.

신체언어란 외모, 태도, 표정, 동작으로 정보를 전달하는 것을 말한다. 정보를 받는 사람은 시각기관을 통해서 받아들이고, 다시 이 정보는 대뇌로 전달되어 반응을 일으킨다. 수많은 정보가 신체언어를 통해 전달될 수 있다.

20세기 프랑스 작가 로망롤랑(Romain Rolland)은 "수세기가 흐르는 동안 얼굴 표정으로 전달한 언어가 이룬 성공은 입으로 거둔 성공보다 수천 배나 많다."라고 말했다.

또 한 심리학자는 "정보의 효과는 7%의 어휘, 38%의 어조, 55%의 표정으로 이루어진다."고 말했다. 이처럼 신체 언어는 의사를 전달할 때 절대적으로 중요한 위치를 차지한다.

후광 효과

신체언어는 첫인상을 결정하는 데 영향을 준다. 사회심리학의 이론 가운데 하나가 '후광 효과' 이다. 이 이론에서는 '첫인상' 이 상대를 판단하는 데 심리적 근거로 작용한다고 말한다.

한 심리학자가 아주 재미있는 실험을 했다. 어느 대학에서 68명의 자원실험대상자를 뽑았다. 이들은 사물에 대한 이해력이나 판단력이 비슷하지만 외모에서 차이가 나는 사람들로 구성되었다. 사전의 계획대로, 이 68명의 대상자는 처음 보는 사람에게 다가가서 의견을 구했다. 결과는 외모가 뛰어난 사람들의 승리였다.

자주 사용하는 보디랭귀지는 아래와 같다.

손동작 : 정보를 전달하는 손

손동작은 손과 손가락을 통해서 정보를 전달한다. 손동작은 형태가 다양하기 때문에 내용을 풍부하게 전달할 수 있다. 또한 전달력과 흡인력도 강하다.

제2차 세계대전 당시 영국의 수상 처칠은 텔레비전 연설에서 오른손을 들고 'V' 자를 그렸다. 이것은 영문으로 '승리(victory)'의 첫 번째 이니셜을 딴 것이었다. 이 손동작은 전 국민의 환호를 받았다. 왜냐하면 이 손동작은 파시즘과의 전쟁을 이겨내겠다는 결심과 그 자신감을 나타냈기 때문이다.

눈빛 : 말하는 눈

눈빛은 심리를 반영하고 감정을 전달한다.

이탈리아의 예술가 레오나르도 다빈치(Leonardo da vinci)는 "눈은 마음의 창"이라고 말했다. 한 심리학자는 "신체언어 중에서 시선(視線)이 차지하는 비율은 70%를 넘는다"고 말했다.

핀란드의 심리학자는 이런 실험을 했다. 우선 여러 감정이 담은 표정을 사진으로 찍어 눈 부분만 오린 다음 그것이 어떤 감정인지를 맞추게 했다. 결과는 거의 정확했다. 이 실험은 사람들이 눈빛의 언어를 읽을 수 있음을 증명한다.

부하직원과 이야기할 때는 친절하고 자연스러운 눈빛으로 쳐다봐라. 정신없이 두리번거리거나 표독스러운 눈길로 쳐다보지 마라.

자세언어 : 손발동작도 언어이다

자세언어에는 앉은 자세, 서 있는 자세, 누워 있는 자세가 있다. 가장 중요한 것은 앉은 자세 언어이다. 남성이 다리를 벌리고 앉는 것은 '자신감' 과 '도량' 을 의미한다. 그리고 여성이 다리를 모으고 앉는 것은 '조신함' 과 '자중' 을 의미한다.

얼굴 표정

표정언어란 얼굴 근육의 변화로 생각이나 감정을 표현하는 것을 말한다. 얼굴은 기쁨, 슬픔, 고통, 두려움, 분노, 실망, 근심, 고민, 복수, 의혹 등의 수많은 감정을 신속하고 충분하게 반영해낸다. 얼굴 표정은 사람의 심리활동과 감정변화를 보여주는 지표이다.

의복언어

옷차림은 그 사람의 직업, 취미, 사회적 지위, 성격, 문화소양, 신념, 생활습관에서 풍속에 이르기까지 많은 것을 보여 준다. 옷차림은 살아 있는 선전이다. 옷차림으로 나타나는 것이 '의복언어' 이다. 의복언어는 반드시 국제사회에서 공인된 TPO의 원칙에 부합해야 한다. 'T' (Time)는 시간을 말한다. 'P' (Place)는 지역, 장소, 위치, 직업을 나타낸다. 'O' (Object)는 목적, 목표, 대상을 대표한다.

1987년, 미소양국의 수뇌가 워싱턴에서 중정도탄(中程導彈)조약을 맺을 때, 두 사람의 퍼스트레이디인 낸시와 라이샤의 옷차림은 소리 없는 '자기소개'였다. 두 사람이 약속이나 한 듯이 회색 정장을 입고 나왔다. 라이샤는 소련 여성의 투박한 이미지를 바꾸기 위해 겉에 붉은색 셔츠를 입어서 주목을 끌었다. 한편 낸시는 어깨와 허리부분이 지나치게 과장된 옷을 입고 왔다. 이런 장중한 외교장소에는 잘 어울리지 않는 복장이었다. 이것을 본 언론은 라이샤가 낸시를 이겼다고 보도했다.

신체를 이용해 의사 전달을 도우려면 먼저 좋은 자세를 갖추고 있어야 한다. 좋은 자세를 만들기 위해서는 '외적조건' 외에도 자신의 '내적조건'을 빠뜨려서는 안 된다. 여기서 '내적조건'이란 교양을 말한다. 의지가 없고, 자신감이 없고, 인내심이 없고, 남을 존중하지 못하며, 진취성이 없는 사람은 좋은 자세를 만들 수 없다.

자신감

미국의 전 대통령이었던 루스벨트는 "우리가 두려워해야 할 것은 바로 '두려움' 자체이다."라고 말했다. 자신감이 있으면 모든 일에 용기 있게 대처함으로 위기를 이겨내고 승리할 수 있다. 또한 생각한 것보다 더 큰 성과를 얻게 된다.

자신감은 경거망동과는 다르다. '보험영업계의 신'이라고 불리는 일본 메이지보험회사의 이사인 하라 잇페이는 "자신의 신념이 명확하다면 크게 걱정할 필요가 없다. 중요한 것은 먼저 다가가서 말할 수 있는 용기이다. 만일 실패한다고 해도 당신의 생명이 위험해지는 것은 아니다."라고 말했다.

의지

의지는 강고함과 굽힐 수 없는 힘을 말한다. 의지는 어떤 실패와 좌절에도 굴하지 않고 어떤 장애도 이겨낸다. 또 끊임없이 목적을 이룰 때까지 쉬지 않는다.

미국의 전 대통령 캘빈 쿨리지는 일찍이 "세상에서 의지를 대신할 수 있는 것은 아무것도 없다. 재능이 있어도 아무것도 하지 못하는 천재도 넘쳐나기 때문이다. 교육도 마찬가지이다. 세상에는 배워도 쓸모없고, 쓰지 못하는 사람도 범람한다. 오직 의지와 결심만이 승리를 가져온다."고 역설했다.

진취성

진취성을 잃게 되면 타인의 신뢰를 얻기 힘들다. 그리하여 성공에서 점점 멀어지게 된다.

미국의 석유회사 최대주주이자 대표인 데이비드 머독(David Murdock)은 고등학교만 나왔다. 기회, 돈, 학력은 그에게 결정적 요소가 아니었다. 그의 성공비결은 '진취성'이었다. 머독은 이렇게 말했다.

"나는 한 마리의 시궁쥐입니다. 나는 고생하고 희생하는 것이 두렵지 않습니다. 만약 어딘가에 다리가 끼어서 위급한 상황이 온다면 나는 주저 없이 다리를 잘라서 탈출할 것입니다."

생존에 필요한 도구가 바로 진취성이다. 이렇게 쉼 없는 진취성으로 머독은 자신의 사업을 성공적으로 일궈냈다.

타인을 존중하라

누구나 자존심이 있다. 자존심은 자신에 대한 사랑이며, 존중의 표현이다. 또, 타인과 사회로부터 존중받고자 하는 감정이다. 자존심이 만족을 얻을 때 성공을 위한 마음가짐도 생긴다. 직장에서 존중받게 되면 더 열심히 적극적으로 일하게 된다. 반대로 존중받지 못하면 실망과 분노가 쌓여 건성으로 일하게 된다.

논리적인 언어의 위력

과거에서 현재에 이르기까지, 논리적인 언어의 힘을 자신의 이익을 위해 이용한 사례가 많다. 이번 장에서는 논리적인 언어의 힘을 가장 잘 사용했던 이를 소개한다. 중국 역사에서 '아시아의 성인'으로 추앙받는 유가의 대스승인 맹자의 예를 보자.

맹자는 화술에 능한 유명한 웅변가였다. 그의 말은 매우 논리적이었다. 그는 사람들이 이해하기 쉽게 자연 규율과 비유를 통해 문제를 지적했다. 또, 완곡한 어조로 상대방을 비판하거나 함축적인 언어로 가르침을 주고, 알기 쉬운 말로 문제 해결의 방법을 제시하기도 했다.

맹자의 제자였던 자공(子公)이 말했다.

"사람들이 선생님께서 변론을 좋아한다고 합니다."

이에 맹자가 대답했다.

"내가 정말 변론을 좋아하겠느냐? 달리 어쩔 도리가 없기 때문이다."

맹자는 자신의 정치철학을 관철시키고, 이익만을 쫓는 이들과 잔인한 폭군에게 대항하기 위해서 자신의 지혜를 이용한 것이다. 그는 논리적 언어를 이용해서 자신의 생각을 펼쳤다.

다음의 내용은 맹자와 양상왕의 대화이다.

맹자가 양상왕을 접견하고 나온 후 주변 사람에게 말했다.

"군주의 모습을 찾을 수가 없네. 가까이 다가가서 봐도 경외심이 들지 않았지. 내가 말을 꺼내기도 전에 물어보더군. '어떻게 해야 천하를 안정시킬 수 있는가?' 그래서 내가 '통일을 해야 합니다.' 라고 했더니 다시 묻더군. '어떤 사람이 천하를 통일할 수 있는가?' 해서 내가 '사람을 함부로 죽이지 않는 군주가 천하를 통일할 수 있습니다.' 라고 했네. 또다시 묻더군. '누가 있어서 그를 따르겠나?' 나는 '걱정 마십시오. 사람을 귀하게 여긴다면 천하에 그를 따르지 않을 자는 아무도 없을 겁니다. 왕께서는 벼가 어떻게 자라는지 아십니까? 7, 8월경(음력 5,6월)에 오랜 가뭄이 오면 벼는 모두 말라 죽습니다. 하늘에 검은 먹구름이 드리우고 비가 후드득 떨어지기 시작하면 벼는 성장하기 시작합니다. 군주도 이러하다면 누가 그에게 대항하겠습니까? 오늘날 많은 나라의 군주가 있지만 사람 목숨을 귀하게 여기는 자는 없습니다. 만약 그러한 군주가 있다면 천하의 백성이 우러러 보겠지요. 그렇게 되면 물이 아래로 흐르듯, 백성들은 자연히 그를 따르게 됩니다. 누구도 감히 그의 앞을 막아서지 못하겠지요.' 라고 했네."

맹자와 양상왕의 대화 속에서 맹자는 자신의 생각을 논리적으로 잘 표현했다.

그러면 계속해서 다음의 대화를 보자. 맹자가 제선왕에게 물었다.

"만약 왕의 신하가 자신의 가족들을 친구에게 부탁하고, 초나라에 갔다고 생각해 봅시다. 그런데 그가 돌아왔을 때, 아내와 자식들이 배고픔과 추위에 고생하고 있다면 그 친구를 어떻게 하겠습니까?"

제선왕이 말했다.

"절교를 해야겠지."

맹자가 다시 물었다.

"만약에 신하가 자신의 부하들을 다스리지 못한다면 어떻게 하시겠습니까?"

"그의 관직을 박탈하겠네."

왕의 대답에 다시 맹자가 물었다.

"나라의 정치가 어지럽다면 어떻게 하시겠습니까?"

그러자, 제선왕은 말문이 막혀서 둘러대기에 급급했다.

맹자는 단계적인 논리전개 방식을 이용했다. 그의 말은 생활 속에서 일어나는 일로 시작하여 중간관리들의 행위를 거쳐, 종국에는 지도자의 문제까지 거슬러 올라갔다. 이렇게 하면 제선왕은 빠져나갈 구멍이 없어지고, 매우 곤란한 상황에 처하자 변명거리를 찾을 수밖에 없어진다.

맹자는 아내와 자식을 친구에게 부탁한 것처럼 한 국가도 백성이 군왕에게 맡긴 것임을 알려주고자 한 것이다.

아래의 이야기는 맹자와 고자(告子)의 대화이다. 그 안의 논리성은 후대의 사람들에게 가르침과 깨달음을 주기에 충분하다.

고자가 말했다.

"인성(人性)은 급류와도 같네. 동쪽에 길이 나 있으면 동쪽으로 흐르고, 서쪽에 나 있다면 그리로 흐르는 것이야. 인성은 선과 악이 없지. 물처럼 방향대로 흘러가는 게 인성이라네."

이에 맹자가 반박했다.

"물은 방향이 나 있는 곳으로 흐르지. 그러면 아래로 흐르든 위로 흐르는 상관이 없는가? 인성이 선을 향해 가야 하는 것은 물이 아래로 흘러야 함과 같은 이치일세. 인성에 선량하지 않은 것은 없어. 아래로 흐르지 않는 물이 없는 것처럼 말이네. 하지만 물리적인 힘을 가하면 물이 산꼭대기로 흐르기도 한다네. 이것을 물의 본성이라고 할 수 있나? 그저 형세가 억지로 만들어 놓은 것이 아닌가. 사람도 궁지에 몰리다보면 일을 그르칠 수 있다네. 인간의 본성이 바뀌는 것은 바로 이러한 이치이지."

맹자는 한 마디를 할 때마다 고자의 논리를 받아서 이야기했다. 상대방이 물에 빗대어 말하자 자신도 물을 예로 들었다. 이것은 결투와 마찬가지이다. 상대가 칼을 사용하면 나도 칼을 쓰고, 상대가 총을 사용하면 우리도 총을 써야 한다. 중요한 것은 자신의 논리를 강화하고 근거를 들어 반박하는 것이다. 맹자가 "아래로 흐르든 위로 흐르는 상관이 없는가?" 라고 하자 고자는 반박할 말이 없었다.

그 시대에 묵가, 도가, 법가 등의 학파 간의 격론은 매우 심했다. 맹자는 자신의 화술을 이용해서 유가의 이론을 지켰다. 또한 유가에서 자신의 위치를 확립하고 훗날, 공자의 뒤를 이어 유가를 대표하는 인물이 되었다.

친화력의 대가

친화력의 사전적 의미는 '두 개 이상의 물질이 결합성 화합물일 때 상호 작용하는 힘' 이다. 심리학에서는 친화력을 '사람들이 친근한 행위를 하는 동력과 능력을 표현한 것' 이라고 정의한다. 한 사람의 친화력은 종종 개인의 성격 특성에 따라 달라진다. 어떤 사람은 천성이 조용하고 또 내성적이다. 하지만 친화력은 '친화동기' 와 밀접한 관련이 있다. 절실하게 타인의 지지나 우애를 얻어야 할 때 친화력이 강해진다. 반면에 자신의 이익과 느낌을 최고 우위에 두는 사람은 친화력이 약하다.

친화력은 일종의 사랑하는 감정이다. 가슴 깊이 타인을 사랑해야 진정으로 상대와 가까워지고, 상대에게 관심을 가져야 그 사람의 인정과 신뢰를 얻을 수 있다. 친화력이 뛰어난 사람은 마음도 넓다.

원활한 소통능력과 친화력은 모든 사람이 바라는 것이다. 이런 능력은 우리에게 많은 이점을 준다. 이 힘은 사람들 사이의 온정과 관심을 느낄 수 있게 하고, 우리에게 더 많은 인맥자원을 제공해 준다.

어떤 사람이든 친화력을 갖추는 것이 좋다. 우리는 살면서 많은 사람들을 만난다. 당신이 영업사원이든, 관리직원이든, 연구자든간에 원만한 소통능력을 갖추면 성공으로 가는 길이 훨씬 수월할 것이다. 친화력과 능력을 모두 갖춘 사람은 동료들의 인정과 지지를 쉽게 얻는다.

그러면 어떻게 해야 친화력을 갖출 수 있을까? 먼저, 자신에 대해서 알아야 한다. 그래야만 타인을 이해할 수 있다. 사람들은 성장하면서 때때로 상처를 받거나 문제에 처하기도 한다. 이런 문제들은 성년이 된 후 그들의 친화력에 영향을 끼친다.

자신을 이해하려면 끊임없이 사람들과 교류해야 한다. 사람들과의 경험으로 자아를 강화하는 것이다. 그처럼 사람들과 교류하는 것은 자아발견을 위함과 동시에 자신의 친화력을 강화시키는 중요한 과정이다. 사람들을 만나는 과정에서 타인은 하나의 거울이 되어 나를 비춘다. 여태껏 발견하지 못했던 자신의 또 다른 모습을 타인에게서 발견하는 것이다. 또한 사람들을 만나면서 친화력을 강화시키고 또 자신의 잘못을 고칠 수도 있다. 어떤 사람은 어렸을 때 사람들을 거의 만나지 않았다. 하지만 그 사람도 성년이 되면 직업상의 문제로 사람들을 만나게 되거나, 생활을 영위하기 위해 인간관계를 맺게 된다. 영업을 하면 사람들과 왕래하는 속에서 사교성이 좋아진다. 따라서 친화력을 강화하기 위해서는 반드시 사람들을 직접 만나고 교류해야 한다.

한 발 더 나아가서, 자아의식을 갖고 포용력을 기르며 타인에 대한 이해심을 키워야 한다. 사람의 성장과정은 저마다 다르다. 가정환경과 사회환경이 사람들의 뇌리에 각인되어 사물이나 판단에 영향을 주며, 이런 관념은 타인과 교제할 때 그에 대한 평가에도 영향을 미친다. 자신의 세계관이나 가치관을 가지고 타인을 평가할 때 우리는 그의 마음 깊은 곳에 있는 것을 알 수 없다. 때문에 끊임없이 사람들을 만나고 자신의 가치관을 확고히 정립해야 한다. 타인의 이야기를 경청하고 그 마음의 소리를 들으려고 한다면, 당신은 사람들 마음속에 있는 세계를 쉽게 알 수 있을 것이다. 타인을 깊게 이해하게 되면 친화력은 자연스럽게 강해질 수 있다.

짜증스러운 감정을 주의하라. 스트레스가 많으면 사람들은 쉽게 짜증을 낸다. 우리가 원하는 것을 얻지 못했을 때, 그 감정은 은연한 가운데 표출되어 짜증으로 변한다. 물론 짜증을 내는 사람도 친화력의 원칙을 알고 있다. 어떻든, 사소한 일 때문에 주변 사람에게 화를 내면 자신의 인간관계를 망칠 수도 있다. 일과 여가를 적절히 병행하라. 늘 마음상태를 좋게 유지하면 인간관계를 원만하게 할 수 있다.

 말을 잘하는 사람은 친화력 있는 사람이다.

세상에서 가장 말 잘하는 사람

1판 1쇄 발행 | 2006년 7월 5일
1판 3쇄 발행 | 2007년 5월 28일

지은이 | 스티븐
옮긴이 | 김선경

펴낸이 | 우지형
기 획 | 곽동언
디자인 | 이수디자인
펴낸곳 | 나무한그루
등록번호 | 제 313-2004-000156호

주소 | 서울시 마포구 서교동 395-122 주연빌딩 6층
전화 | (02)333-9028
팩스 | (02)333-9038
이메일 | namuhanguru@empal.com

ISBN 89-91825-06-4 03320

값 | 12,000원